Collection ICETE

Sommes-nous performants ? Étudier notre contexte pour améliorer nos programmes d'études

Notre monde en constante évolution fait face à des défis sans précédent : économiques, technologiques, sociaux et personnels. Il est nécessaire d'établir de nouvelles priorités éducatives ou même de nouveaux paradigmes d'éducation pour relever ces défis. Ce livre nous aide à repenser la manière dont nous développons nos programmes d'études au vu de notre contexte socioculturel et nous met au défi d'établir des priorités éducatives pour remplir la mission de l'Église. Les témoignages des institutions théologiques et des divers responsables impliqués dans la révision des programmes d'études nous ont permis de comprendre l'importance de la sensibilité, de l'ouverture, de l'innovation et des efforts de collaboration pour apporter les changements nécessaires. Ce livre est sans aucun doute une ressource inestimable pour les institutions déterminées à avoir un impact à notre époque.

Pasteur Luke Cheung, PhD
Professeur en études bibliques,
Vice-président, China Graduate School of Theology, Hong Kong

Les informations contenues dans ce livre découlent des présentations et des discussions sur l'évaluation de l'impact de la consultation de l'ICETE en 2015 à Antalya. Il fournit aux institutions théologiques un cadre utile pour évaluer l'efficacité de leurs programmes de formation et pour mettre en œuvre une « révision du programme d'études axée sur la recherche » afin de renforcer leur impact sur l'Église et la société. Plusieurs exemples concrets ont été présentés, inspirant les écoles de théologie à relever le défi d'étudier l'impact de leurs diplômés et de réviser leurs programmes d'études en fonction des données de la recherche. En outre, ce livre appelle les agences d'accréditation à mettre davantage l'accent sur l'évaluation des résultats et de l'impact dans leur accréditation des programmes. Ce livre est indispensable pour tous les responsables et éducateurs soucieux d'optimiser l'impact de leurs programmes de formation !

Theresa Roco-Lua, EdD
Secrétaire générale, Asia Theological Association

Ce livre soutient qu'il est avantageux pour la formation théologique d'oser poser la question suivante : ce que nous faisons fait-il vraiment une différence ? En tant que responsable du SAIACS et l'un des participants au processus de révision du cursus axée sur la recherche qui a mené à la conférence de l'ICETE en 2015, je pense qu'il est bon en effet de se poser cette question. Les témoignages contenus dans ce livre montrent que chaque institution a appris des choses uniques et importantes.

J'ai commencé avec quelques scrupules – L'utilité du programme d'études devrait-elle être le critère de l'impact ? Sommes-nous responsables des résultats du royaume ? L'action l'emporte-t-elle sur la contemplation ? J'ai décidé qu'une telle étude basée sur la recherche ne devait pas tomber dans ces pièges. En réalité, dans le cas du SAIACS, nous avons découvert que les employeurs et les anciens étudiants souhaitaient qu'il y ait davantage d'accent mis sur la formation spirituelle.

Ce livre encouragera d'autres institutions théologiques à s'assurer qu'elles atteignent bel et bien leurs objectifs. Il a sans aucun doute aidé le SAIACS dans son cheminement vers « l'excellence dans l'intérêt de la mission ».

Ian W. Payne, PhD
Ancien directeur,
South Asia Institute of Advanced Christian Studies (SAIACS),
Bangalore, India

Quelle belle initiative de rendre ce livre disponible ! C'est un outil idéal et une ressource basée sur le dernier forum des éducateurs en théologie (ICETE 2015). Le développement continu de méthodes et d'approches apportera bien des avantages à l'Église mondiale grâce à la formation théologique.

Márcio Matta
Président,
Associação Evangélica de Educação Teológica na América Latina (AETAL)

Sommes-nous performants ? Étudier notre contexte pour améliorer nos programmes d'études

Ressources pour institutions théologiques

Sous la direction de

Stuart Brooking

Publié en 2018 par Langham Global Library,
Une marque de Langham Publishing
www.langhampublishing.org

Les éditions Langham Publishing sont un ministère de Langham Partnership.
Langham Partnership
PO Box 296, Carlisle, Cumbria CA3 9WZ, UK
www.langham.org

ISBNs :
978-1-78368-534-9 Papier
978-1-78368-535-6 ePub
978-1-78368-537-0 PDF

Le présent ouvrage a été rendu possible grâce au soutien financier généreux de l'Overseas Council Australia.

Traduit de l'anglais par Joelle Giappesi.

Titre d'origine : *Is It Working? Researching Context to Improve Curriculum*, Carlisle, Langham Global Library, 2018.

Les citations qui figurent dans ce livre et sont tirées d'ouvrages en anglais ont toutes été traduites par le traducteur.

British Library Cataloguing in Publication Data
A catalogue record for this book is available from the British Library

ISBN : 978-1-78368-534-9

Remerciements

Merci tout d'abord au généreux donateur qui a permis la publication de cet ouvrage, en édition anglaise, française et espagnole. Il a compris l'importance de l'ensemble du projet pour la mission de l'Église.

Merci à Jo Bailey qui a également apporté son aide. Jo a relu les articles avec talent et, dans certains cas, elle a même aidé à les remettre en forme. Elle a également apporté une importante contribution en prenant les notes des conférences des présentateurs trop occupés pour les mettre eux-mêmes en bonne forme écrite. En outre, elle a affirmé qu'elle prenait un réel plaisir à lire ces articles. Elle était encouragée par le travail honnête des contributeurs aux prises avec des questions complexes, et par leur désir constant de glorifier Dieu de toutes les manières possibles.

Merci à Perry Shaw qui a conçu les questions en fin de chapitre, et a encouragé le projet tout au long.

Merci à Marion Brooking, mon épouse, et à l'agence de communication libanaise One-16, qui a pris les photos de la conférence de l'ICETE en 2015. Ces photos figurent tout au long du livre.

Merci à Riad Kassis de l'ICETE et à la direction de Langham Literature, qui donne son *imprimatur* à cet ouvrage.

Stuart Brooking,
Directeur de l'ouvrage

Préface

Engagés et performants !

Depuis 1980, les consultations du Conseil International pour la Formation Théologique Évangélique (ICETE) constituent le principal forum international de réflexion professionnelle et d'interaction pour les enseignants théologiques évangéliques du monde entier.

« Enracinés dans la Parole, engagés dans le monde », tel était le thème de la consultation internationale de l'ICETE en 2012, à Nairobi, au Kenya. Deux questions ont émergé de ce thème : Comment savoir si nous sommes performants dans ce que nous faisons ? Est-il possible de mesurer l'impact de la formation théologique sur l'Église et la société ? L'ICETE a tenu sa Consultation triennale internationale en 2015 (à Antalya, en Turquie) pour répondre à ces deux questions fondamentales.

La particularité de la Consultation d'Antalya s'est révélée dans trois domaines principaux. En premier lieu, dès sa conception, la consultation était le résultat d'intenses efforts de collaboration pendant près de trois ans entre l'Overseas Council Australie, l'Overseas Council États-Unis et l'ICETE. En outre, la consultation n'était pas un simple événement mais plutôt la phase culminante d'un travail acharné effectué par onze institutions théologiques. Ces dernières s'étaient engagées pendant près de deux ans dans un projet d'évaluation de leur offre de formation théologique (également connu sous le nom de *Research-Driven Curriculum Revision*[1]). La Consultation a fourni à ces institutions une plateforme, leur permettant de partager et de dialoguer avec d'autres écoles. Enfin, l'ICETE s'est engagé à travailler de concert avec l'Overseas Council Australie et l'Overseas Council États-Unis et d'autres organismes similaires, pour partager sagesse, connaissances et outils pouvant aider d'autres institutions théologiques. Le livre que vous avez entre les mains vise à atteindre cet objectif. Nous remercions

1. N.d.T. : Dorénavant traduit par « Révision du cursus axée sur la recherche ».

tout particulièrement Stuart Brooking, Directeur exécutif de l'Overseas Council Australie, de son travail sans relâche à la rédaction de ce livre, ainsi que Langham Literature d'avoir accepté de le publier.

Je prie et j'espère de tout cœur que cet ouvrage contribuera à la réalisation de deux objectifs. En premier lieu, que les enseignants et les dirigeants théologiques trouvent des outils permettant de mettre l'accent sur les résultats obtenus par leurs diplômés dans leurs ministères et dans l'amélioration de la bonne santé des églises et des organisations qu'ils servent. En deuxième lieu, je prie que les enseignants et les responsables théologiques soient en mesure de partager les outils d'évaluation avec d'autres institutions, et, de cette manière, qu'ils tissent des liens, travaillent en réseau et collaborent pour l'avancement du royaume de Dieu.

Pour finir, je conclus avec cette citation de David Baer, qui, à la fin de la consultation d'Antalya, a partagé un résumé de ce que les petits groupes avaient entendu :

> Hier matin, je me suis retrouvé à puiser dans mes notes cet enchaînement logique :
>
> Humilité . . honnêteté. . . clarté. . . (répéter)
>
> Humilité . . honnêteté. . . clarté. . . (répéter).

Tandis que nous mettons en œuvre les concepts et les principes décrits dans ce livre, recherchons l'Esprit de Dieu afin que nous puissions nous acquitter de notre tâche avec humilité, honnêteté et clarté.

Riad Kassis
Directeur international de l'ICETE

Introduction

« Nous voulons savoir si nous sommes performants »

L'idée de ce livre est venue en Octobre 2011. Je conduisais Élie Haddad, président du Séminaire théologique baptiste arabe (ABTS), d'une conférence à une autre dans le cadre de la promotion de l'ABTS en Australie, organisée par l'Overseas Council Australie (OCA). Au cours d'une conversation informelle sur l'ABTS et ses aspirations à l'améliorer, Élie m'a posé cette question : « Stuart, je me demande si l'OCA serait intéressé par un projet qui, selon nous, serait vraiment important – bien qu'il ne soit pas facile à financer ».

Il a enchaîné : « Nous aimerions savoir si ce que nous faisons change véritablement quelque chose. Notre programme d'études est-il vraiment pertinent pour le Moyen-Orient ? Nous aimerions faire une enquête auprès de nos diplômés, non seulement pour récolter des histoires de belles réussites, mais également pour vérifier si nos cours sont bien appropriés pour leur ministère. Produisons-nous réellement l'impact que nous devrions produire ? »

Les implications de ces questions étaient énormes. Quel établissement de formation serait heureux de découvrir qu'il perd son temps ? Que l'enseignement qu'il dispense ne fait aucune différence véritable ? Et si cette conclusion-là s'avérait juste, quel directeur d'établissement aurait le courage de l'avouer ouvertement ?

Alors même que je réfléchissais à toutes ces questions, je lui répondis : « C'est très courageux de ta part d'envisager ce projet ». Une autre question m'est alors venue à l'esprit : « Comment évalueraient-on l'impact d'un tel projet ? ». Le fait même de poser la question peut soulever de nombreuses objections pieuses du genre : Dieu cultive les graines de l'Évangile en secret. Les humains ne peuvent pas voir son travail. Il serait donc présomptueux de vouloir mesurer une telle chose. Les belles histoires de succès doivent sûrement suffire.

« Nous avons, ajoute Élie, un membre de notre équipe, Rupen Das, qui a des décennies d'expérience dans l'évaluation d'impact de divers projets dans le monde entier. Il a réalisé cela pour le compte de World Vision et pour de nombreuses autres agences de développement. Nous souhaitons adapter son travail afin de l'appliquer à notre école ».

Et c'est ainsi que le concept de *Research-Driven Curriculum Revision* (dorénavant traduit par « révision du cursus axée sur la recherche ») est entré dans le lexique de la formation évangélique mondiale, non pour la première fois, bien sûr, mais de manière à prendre racine en quelques années sur toute la scène théologique évangélique du monde émergent.

L'OCA était intéressé par le projet et a trouvé un donateur qui l'a soutenu au cours des deux années suivantes. Le travail accompli a donné lieu à un comité de révision ayant pour mission, non seulement d'apprécier la valeur de ce que l'ABTS avait réalisé, mais aussi d'envisager la possibilité d'appliquer la méthode à d'autres institutions dans le monde.

La phase 1 du projet s'est terminée et la phase 2 a commencé peu après. Un sous-comité invita un petit groupe d'institutions à poser leur candidature pour faire partie du processus à venir. Dix d'entre elles furent choisies et un colloque eut lieu au Liban en février 2014. Les directeurs régionaux de l'Overseas Council des États-Unis (OC USA) et d'autres consultants ont été engagés pour poursuivre le travail cette année-là et la suivante. Ces dix institutions avaient dix-huit mois pour accomplir ce que l'ABTS avait mis plusieurs années à achever. Heureusement, certaines d'entre elles avaient déjà commencé à apprécier leur programme d'études, mais pour la plupart, la recherche de leur contexte sur le terrain constituait une dimension supplémentaire et nouvelle.

Avec l'encouragement de Riad Kassis et de la direction de l'ICETE, l'objectif défini était que ces onze institutions puissent prendre part à la Triennale de l'ICETE à Antalya, en Turquie, en novembre 2015. Le thème du colloque était « La révision du cursus théologique axée sur la recherche » et la plupart des informations contenues dans ce livre découlent directement des présentations faites à Antalya.

Depuis lors, l'OC USA a continué à encourager un cercle de plus en plus large d'institutions à comprendre le concept et à mettre en œuvre des projets de recherche, puis à mettre en place les changements de cursus inspirés par les résultats de leur recherche.

J'espère vraiment que les articles de ce livre de référence stimuleront de nombreuses autres institutions théologiques à travers le monde à comprendre leur contexte et à modifier leur programme en fonction de leurs découvertes. Le modèle occidental d'études théologiques si répandu a certes aidé l'Église dans quelques rares contextes, mais, globalement, il ne l'a que médiocrement servie. Cette hégémonie doit être brisée, afin que l'Église dans chaque contexte du monde émergent soit préservée des influences non pertinentes et que la mission de l'Église soit authentiquement adaptée à chaque contexte.

Puissent les contributions contenues dans ce livre inspirer le courage – non celui de copier les résultats d'autres institutions, mais celui de vous lancer dans un itinéraire unique adapté à votre propre établissement théologique.

Que les questions en fin de chapitre dirigent la réflexion, le questionnement et la critique, afin que vous puissiez formuler votre propre façon de réviser votre programme. C'est aussi de cette façon que l'authenticité et la mission de l'Église peuvent être promues.

Stuart Brooking
Directeur exécutif, Overseas Council Australie

Section I

Évaluer le contexte

Raisons, objets, méthodes

Ce manuel de ressources présente de nombreuses suggestions pratiques, des expériences et des rapports de recherche et de tentatives pour remanier les programmes d'études des institutions théologiques. Cependant, il nous faut tout d'abord définir en quoi consiste le terme « évaluation » d'après la Bible elle-même. Cette première section cherche à poser les bases bibliques et théologiques du projet.

Dans la section 2, nous aborderons quatre exemples spécifiques présentés lors de la Triennale de l'ICETE en 2015, en Amérique latine, en Asie et en Afrique.

La dernière section cherche à résoudre un certain nombre de problèmes en matière de gestion du changement. Dans les trois derniers chapitres, la critique du concept de gestion du changement sera approfondie, de manière à accorder au processus lui-même toute l'attention requise. Cet ouvrage ne cherche pas à imposer une manière unique de faire les choses. Bien au contraire, il encourage chaque école théologique à œuvrer diligemment pour créer le processus qui lui convient.

Comme toujours, nous avons grandement bénéficié de l'exposé biblique donné par Chris Wright lors de la conférence triennale de l'ICETE. Qui aurait su que la première évaluation de la mission chrétienne était liée à la ville même où nous avons tenu notre conférence : Antalya, en Turquie ? En s'attardant sur la vision biblique de notre sujet, Chris Wright nous amène à comprendre à la fois la valeur et les limites de notre entreprise. Les passages de l'Ancien et du Nouveau Testament montrent une variété d'approches, et de ce fait nous encouragent mais aussi nous mettent en garde dès le début.

Jusqu'ici, l'évaluation d'une institution se fondait sur quatre « B » : les Bâtiments, la Bibliothèque, le Budget et la Base humaine (enseignants-étudiants). Cependant, on constate de plus en plus qu'il est nécessaire de s'appuyer sur d'avantages d'éléments pour évaluer de manière pertinente l'œuvre d'une institution théologique. Scott Cunningham nous explique le concept du « modèle logique » et prépare le terrain pour comprendre les concepts clés de « résultat » et d'« impact ». Cela permet à l'évaluation d'aller au-delà des activités de l'école théologique et de se demander : « est-ce que cela fait une réelle différence ? »

Le travail de Rupen Das à l'ABTS a été capital pour démarrer ce projet, et dans le chapitre 3, il complète certains des détails que Scott Cunningham donne.

Ashish Chrispal, en sa qualité de directeur régional de l'Overseas Council Asie, a travaillé avec un certain nombre d'écoles théologiques engagées dans ce processus d'évaluation. Dans le chapitre 4, il nous aide à comprendre la valeur d'une évaluation bien encadrée et la manière dont celle-ci peut bénéficier à l'ensemble de l'institution théologique.

1

Une perspective biblique de l'efficacité et de l'impact de la formation théologique

Christopher Wright
Directeur des ministères internationaux, Langham Partnership, Royaume-Uni

> « Recommande ton activité à l'Éternel et tes projets seront affermis. » (Pr 16.3) Amen ! Mais est-ce suffisant ?

L'essence de la sagesse des Sages contenue dans ce verset du livre des Proverbes est, comme toujours, merveilleusement simple et directe : « Planifiez, priez, faites ce qu'il vous incombe de faire, et Dieu fera le reste ». Tant que vous faites ce que vous devez et priez à ce sujet, Dieu fera en sorte que les résultats soient « affermis ».

Nous aimons à penser que tout fonctionnera de cette façon lorsque nous nous investissons énormément en termes de planification, prière, temps et ressources (matérielles et humaines) dans le grand projet de formation théologique. Il y a bien sûr une part de vérité dans cette supposition. Après tout, le verset émet plusieurs hypothèses qui s'appliquent tant à la formation théologique qu'à toute autre partie de notre vie et de notre travail en tant que chrétiens.

Le verset suppose :

- que notre travail et notre planification doivent être faits pour Dieu et s'engagent envers Dieu ;
- que Dieu est passionné (dans tous les sens du terme) par ce que nous faisons (ou affirmons faire) pour lui ;
- que Dieu se soucie des *résultats*, ceux de nos projets et de nos actes, et souhaite les voir « affermis ».

Cependant, comme toujours dans la vie, les bonnes hypothèses et la pratique de la prière ne produisent pas toujours ce que nous espérions. Avons-nous raison de nous inquiéter des conséquences et d'essayer de trouver des moyens de mesurer notre efficacité dans notre travail ou non ? Ces préoccupations sont-elles vraiment « bibliques » ou « spirituelles » ?

Je suis conscient que les personnes qui liront ces lignes auront *deux réactions possibles.*

Il y aura *d'une part* ceux qui adopteront avec enthousiasme tout le concept selon lequel nous devrions mesurer notre efficacité et notre impact en formation théologique. Enfin, penseront-ils, nous pouvons nous exhorter, non seulement à « faire de la formation théologique », mais aussi à découvrir si ce que nous faisons (et cela depuis des générations) entraîne une différence tangible dans l'Église du monde réel. Ils espèrent recevoir quelque conseil et des outils pour accomplir cette tâche. Et ils attendent avec impatience la publication de résultats d'enquêtes, de statistiques et de pourcentages, de graphiques et de tendances, des preuves tangibles et vérifiables de ce que la formation théologique accomplit (ou n'accomplit pas) pour la cause de la mission de Dieu, par l'Église de Dieu, dans le monde de Dieu. Ils apprécieront la valeur en soi de ces informations et de cette connaissance, sans toutefois perdre de vue que tout cela contribue à la réussite des propositions de collecte de fonds et des rapports annuels…

D'autre part, certains auront des *doutes* et des réticences. Ils penseront sans doute que ce qu'ils considèrent comme une obsession de la mesure, des résultats quantifiables, des statistiques, etc., provient de la montée des sciences sociales de l'ère moderne en Occident, et opère à partir d'une vision du monde (où seul compte ce qui peut être quantifié, et où tout doit être vérifiable de manière pratique) qui est en contradiction avec la foi chrétienne en la souveraineté et la providence de Dieu. Nous devrions continuer fidèlement à accomplir ce que Dieu nous appelle à faire et ne pas nous laisser distraire par la mesure des résultats. C'est l'affaire de Dieu, et seul l'avenir nous montrera ce qu'il aura accompli.

J'espère que cette brève présentation donnera matière à contester *et* à conforter à la fois ces deux points de vue, pendant que nous réfléchissons à la manière dont la Bible peut éclairer nos efforts.

J'aimerais proposer quatre domaines de réflexion :

- La Bible nous dit que les résultats ont de l'importance. Il est bon de considérer quels résultats nos actes ou intentions produiront.
- La formation théologique est une activité lourde de « conséquences ». Nous envisageons certainement des conséquences intentionnelles.

Nous devrions nous demander si nos intentions sont bien en phase avec ce que la Bible nous dit sur les buts de l'enseignement au sein du peuple de Dieu.

- La Bible soutient-elle la *planification* de l'efficacité et de l'impact, et, dans l'affirmative, que *devrions-nous* planifier si nous voulons être efficaces dans notre travail ?
- Enfin, nous examinerons la question plus complexe de savoir si nous pouvons démontrer l'efficacité et l'impact d'une institution théologique (ou si nous devrions même essayer de le faire).

1. Les résultats sont importants (selon la Bible)

La Bible en dit long sur les « finalités » – les résultats et les conséquences des actes :

- À Adam et Ève : « Ne mangez pas de l'arbre de la connaissance du bien et du mal ; SI vous le faites – c'est la mort ».
- Le « SI » constant de Dieu aux Israélites forme le contexte de ses intentions pour eux. Par exemple, dans Exode 19.4-6 : « Maintenant, si vous écoutez ma voix et si vous gardez mon alliance, vous... ».
- L'avenir dépend des choix que l'on fait aujourd'hui. Le livre du Deutéronome donne clairement le choix au peuple israélite. Chapitres 20-30 : « Choisissez à présent... ». Bénédiction ou malédiction, la vie ou la mort.
- Tout le récit de l'Ancien Testament sur l'histoire d'Israël pourrait être formulé en termes de résultats des choix – certains sont favorables (Abraham, Moïse, etc.) et bien d'autres sont funestes.
- Tout le ministère des prophètes (à savoir les avertissements et les prédictions sur les résultats à venir, destinés à changer le présent pour obtenir des résultats différents) pourrait être interprété comme un encouragement au peuple d'Israël à faire les bons choix afin d'éviter des conséquences funestes.

Qu'est-ce qui est en jeu si Israël fait – ou ne fait pas – le « bon choix » ?

Réponse : La mission de Dieu pour le bien des nations.

À long terme, Dieu désire des résultats à l'échelle mondiale, à l'échelle de la création, pour son grand projet de rédemption et de bénédiction. Il appelle son peuple à participer à ce projet centré sur les objectifs. Que son peuple joue le jeu pour réaliser le résultat escompté est d'un poids déterminant.

En tant que peuple de Dieu, tant notre vie en général (notre participation à la mission de Dieu) que notre engagement dans la formation théologique en particulier (partie intrinsèque et intentionnelle de notre participation à la mission de Dieu) devraient donc être orientés vers les « résultats », puisque tout ce que nous faisons est relié au grand récit révélé par Dieu dans les Écritures.

Les résultats de nos activités, en formation théologique ou tout autre domaine, pourront aider ou entraver, contribuer ou corrompre, le but missionnel de notre existence en tant que peuple de Dieu.

Les résultats ont donc de l'importance et nous devons leur prêter attention. Cela dit, notons que la Bible donne aussi des exemples où la préoccupation par les résultats relève de raisons ou motivations qui ne sont pas les *bonnes* :

- *La peur des résultats présumés* peut mener à la désobéissance (par exemple les Israélites à Kadès-Barnéa ; Jonas ; la parabole des talents) ou bien à l'apathie et à la paralysie (Ec 11.4).
- *Le désir obsessionnel de certains résultats* (par exemple le profit personnel, le succès ou la sécurité) peut amener au mensonge, à la tromperie et à la perte d'intégrité (par exemple la Chute elle-même ; les mensonges d'Abraham au sujet de Sarah ; les Gabaonites ; l'Amalécite qui prétendait avoir tué Saül ; Guéhazi ; les faux prophètes en général ; Ananias et Saphira).

Comme cela a été dit lors du Congrès au Cap en 2010, l'idolâtrie du succès (y compris dans le ministère chrétien) peut conduire à une perte d'intégrité dans la façon dont les résultats statistiques sont gonflés, manipulés ou falsifiés.

> Nous ne pouvons construire le royaume du Dieu de vérité une fondation de malhonnêteté. Pourtant, dans désir insatiable de « succès » et de « résultats », nous sommes tentés de sacrifier notre intégrité, par des prétentions dévoyées et exagérées équivalentes à des mensonges. En effet, marcher dans la lumière, « c'est tout ce qui est bon, juste et vrai[1] ». Nous en appelons aux responsables d'Église et de mission pour qu'ils résistent à la tentation de ne pas dire toute la vérité quand ils présentent leur travail. Nous ne sommes pas honnêtes quand nous gonflons les statistiques dans nos comptes-rendus, ou lorsque nous tordons la vérité par appât du gain. Nous prions pour qu'une vague d'honnêteté déferle, capable de purifier et mettre fin à de telles distorsions, manipulations et exagérations.

1. Éphésiens 5.10.

> Nous en appelons à tous ceux qui financent un travail spirituel pour qu'ils n'imposent pas des attentes irréalistes de résultats mesurables et visibles, au-delà des besoins d'une obligation légitime de rendre des comptes. Luttons pour une culture d'intégrité et de transparence totales. Nous choisissons de marcher dans la lumière et la vérité de Dieu, parce que le Seigneur sonde notre cœur et prend plaisir à celui qui est droit[2]. (CTC IIE.4)[3]

Cependant, si pour le moment nous mettons de côté cette obsession impropre et corrompue pour les résultats, et nous concentrons sur le souci légitime de prêter une attention appropriée et justifiée au produit de nos efforts sincères pour le royaume de Dieu, que pouvons-nous dire des résultats de la formation théologique, à la lumière de la Bible ?

2. Les résultats de la formation théologique (selon la Bible)

Je crois que nous pouvons affirmer que la formation théologique, comme nous l'appelons aujourd'hui – dans ses nombreuses formes différentes (que nous aborderons cette semaine : formelle, non formelle, etc.) – est une dimension de la catégorie d'*enseignement* biblique développée dans l'histoire postbiblique de l'Église.

Quel est le but fondamental de la formation théologique ? Qu'essayons-nous d'accomplir ?

Pour répondre bibliquement à cette question, nous devons poser d'autres questions :

- *Pour qui est conçue la formation théologique ?* Réponse biblique : pour l'Église, afin de déployer « la mentalité de l'Esprit » – au service de la vie, de la croissance et de la mission du peuple de Dieu, en formant ses pasteurs et ses leaders, et en aidant tous les croyants à se transformer « par le renouvellement de l'intelligence » (Rm 12.2).
- *Dans quel but l'Église existe-t-elle ?* Réponse biblique : à l'époque actuelle, pour participer à la mission de Dieu dans le monde. Par conséquent, *la formation théologique doit servir l'Église dans l'accomplissement de sa mission.*

---

2. 1 Chroniques 29.17.
3. Le mouvement de Lausanne. « L'engagement du Cap » (2011) https://www.lausanne.org/fr/content/ctc/engagement-du-cap.

L'Engagement du Cap l'exprime ainsi : « La mission de l'Église sur la terre est de servir la mission de Dieu, et la mission de l'enseignement théologique est de renforcer et d'accompagner la mission de l'Église » (IIF.4).

Il y a une chaîne fondamentale d'impact. Nous voulons voir :

- La formation théologique fortifier l'Église,
- afin que l'Église, guidée par Dieu, puisse toucher et changer le monde.

Cela place la formation théologique au cœur de la bataille spirituelle dans laquelle la mission de Dieu est engagée.

La formation théologique est donc une activité extrêmement décisive et intentionnelle. Nous y investissons nos ressources parce que nous croyons qu'elle a le pouvoir d'atteindre des résultats que nous considérons comme souhaitables et importants pour la vie et la santé de l'Église.

Dans la Bible, nous ne trouvons certes pas trace de formation théologique « formelle » en tant que telle, mais nous y découvrons un accent particulier sur l'enseignement. La Bible affirme très tôt, et à plusieurs reprises dans les deux Testaments, que le peuple de Dieu a besoin d'enseignement et d'enseignants, et qu'il est vulnérable et en danger lorsque les enseignants sont absents ou sont trompeurs et infidèles.

Quels sont donc, selon la Bible, *les résultats attendus* d'un enseignement fidèle et fécond ?

Je suggère trois points, chacun lié à un personnage biblique qui a été chargé d'enseigner ou a demandé à d'autres personnes de le faire. Voici trois résultats bibliques de l'enseignement :

a) La mission – Dans un monde aux nations multiples : le résultat Abrahamique

> Abraham deviendra une nation grande et puissante, et toutes les nations de la terre seront bénies en lui. En effet, je l'ai choisi afin qu'il ordonne à ses fils et à sa famille après lui de garder la voie de l'Éternel en pratiquant la droiture et la justice. Ainsi l'Éternel accomplira en faveur d'Abraham les promesses qu'il lui a faites. (Gn 18.18-19)

Dans un monde qui suivait la voie de Sodome et Gomorrhe (18.20-21 ; 19 ; etc.), Dieu voulait créer une communauté différente, non seulement religieusement différente, mais moralement et socialement distinctive (engagée envers la droiture et la justice). C'est la raison pour laquelle Dieu a choisi et appelé Abraham (v. 19).

Pourquoi Dieu a-t-il voulu une telle communauté, choisie en Abraham et instruite par lui ? Afin de réaliser ce qu'il avait promis à Abraham, à savoir que par ce dernier et ses descendants, toutes les nations sur terre trouveraient la bénédiction (v. 18, faisant écho à Gn 12.3).

Il y a ici un contexte universel et missionnel au mandat d'enseignement. Cette instruction à Abraham se révèle clairement dans la Genèse, bien avant l'Exode, dans lequel la loi a été donnée. Cependant, le contenu éthique de la loi (« droiture et justice ») est déjà anticipé dans le type d'enseignement qu'Abraham devait laisser à sa famille et ses descendants. Cela montre que l'enseignement (et donc la formation théologique) ne se limite pas à la simple transmission d'un savoir cognitif, mais inclut aussi la formation du caractère et du comportement. L'expression « marcher dans la voie du Seigneur » se retrouve couramment tout au long de la Torah, dans les livres des Prophètes, des Psaumes et dans la littérature de sagesse.

Ainsi, le but éthique de l'enseignement dans l'Israël de l'Ancien Testament est régi en premier lieu par le but missionnel qui sous-tend l'existence d'Israël.

Cette nation, au sein des nations, doit être *éduquée* à vivre en tant que peuple racheté de Dieu, pour le bien des nations, et dans le cadre de la mission de Dieu pour les nations.

La formation théologique est intrinsèquement missionnelle, et devrait donc être sciemment missionnelle.

b) Le monothéisme – Dans un monde où les dieux sont nombreux : le résultat Mosaïque

Le livre du Deutéronome met un accent particulier sur l'enseignement. La parole de Dieu dans son sens le plus large (la connaissance des actes puissants de Dieu alliée à la compréhension de la loi de Dieu) doit être constamment enseignée au peuple, dans son ensemble et à chacune de ses générations.

Moïse lui-même est à plusieurs reprises celui qui enseigne à Israël les exigences de son Dieu d'alliance (exigences à appliquer ensuite par les prêtres Lévitiques, Dt 33.10). Le contenu principal de son enseignement était que l'Éternel, Dieu d'Israël, était le seul et unique Dieu universel, nul autre dieu n'existe hormis lui. Pour cette raison, le premier et le plus grand commandement, comme Jésus l'a dit, est d'aimer ce Dieu unique de tout notre être, de tout notre cœur, de toute notre âme et force. Ce commandement est immédiatement suivi de la nécessité d'enseigner – enseignement qui s'applique au domaine personnel (« mains et fronts »), au domaine familial (« les montants des portes des maisons ») et à l'espace public (« les portes des villes ») :

> « Écoute, Israël ! L'Éternel, notre Dieu, est le seul Éternel. Tu aimeras l'Éternel, ton Dieu, de tout ton cœur, de toute ton âme et de toute ta force. Les commandements que je te donne aujourd'hui seront dans ton cœur. Tu les répéteras à tes enfants ; tu en parleras quand tu seras chez toi, quand tu seras en voyage, quand tu te coucheras et quand tu te lèveras. Tu les attacheras à tes mains comme un signe et ils seront comme une marque entre tes yeux. Tu les écriras sur les montants de la porte de ta maison et sur les portes de tes villes. » (Dt 6.4-9)

Un tel enseignement était nécessaire en raison de la culture polythéiste ambiante. Le monothéisme, dans son sens propre biblique (c'est-à-dire non seulement la conviction arithmétique sur l'unicité de la divinité, mais l'affirmation spécifique de l'universalité transcendante de l'Éternel, Dieu d'Israël), n'est pas une foi facile à inculquer ou à maintenir (comme le montrent les autres livres de l'Ancien Testament). Cependant, puisque c'est la *vérité* fondamentale, l'*obligation* principale et la *bénédiction* principale (connaître, aimer et adorer le seul vrai Dieu, créateur et rédempteur), il faut résister vigoureusement et à tout prix à tout ce qui les menace (et le prix est certes élevé, ainsi qu'en témoignent tous les prophètes).

Ainsi, l'ensemble de Deutéronome 4 est un défi soutenu pour éviter l'idolâtrie, et le chapitre met un accent important sur l'enseignement :

> Voici, *je vous ai enseigné* des prescriptions et des règles, comme l'Éternel, mon Dieu, me l'a ordonné, afin que vous les mettiez en pratique dans le pays dont vous allez prendre possession. Vous les respecterez et vous les mettrez en pratique, car ce sera là votre sagesse et votre intelligence aux yeux des autres peuples. Lorsqu'ils entendront parler de toutes ces prescriptions, ils diront : « Cette grande nation est un peuple vraiment sage et intelligent ! »
>
> Quelle est, en effet, la grande nation qui ait des dieux aussi proches que l'Éternel, notre Dieu, l'est de nous toutes les fois que nous faisons appel à lui ? Et quelle est la grande nation qui ait des prescriptions et des règles aussi justes que toute cette loi que je vous présente aujourd'hui ?

> Seulement, fais bien attention à toi ! Veille attentivement sur toi-même tous les jours de ta vie, afin de ne pas oublier ce que tes yeux ont vu et de ne pas le laisser sortir de ton cœur. *Enseigne-le à tes enfants* et à tes petits-enfants. Souviens-toi du jour où tu t'es présenté devant l'Éternel, ton Dieu, à Horeb, lorsque l'Éternel m'a dit : « Rassemble le peuple auprès de moi ! Je veux leur faire entendre mes paroles, afin qu'ils apprennent à me craindre tout le temps qu'ils vivront sur la terre et *qu'ils les enseignent à leurs enfants.* » Vous vous êtes approchés et vous vous êtes tenus au pied de la montagne. La montagne était embrasée et les flammes s'élevaient jusqu'en plein ciel. Il y avait des ténèbres, des nuées, de l'obscurité. L'Éternel vous a parlé du milieu du feu ; vous avez entendu le son des paroles, mais vous n'avez pas vu de représentation, vous avez seulement entendu une voix. Il a proclamé son alliance qu'il vous a ordonné de respecter, les dix commandements, et il les a écrits sur deux tables de pierre.
>
> *À cette époque-là, l'Éternel m'a ordonné de vous enseigner des prescriptions et des règles*, afin que vous les mettiez en pratique dans le pays dont vous allez prendre possession.
>
> Puisque vous n'avez vu aucune représentation le jour où l'Éternel vous a parlé du milieu du feu, à Horeb, veillez attentivement sur vous-mêmes : ne vous corrompez pas et ne vous faites pas de sculpture sacrée, de représentation d'une idole quelconque…
>
> Et toi, tu as eu la possibilité de voir cela afin que tu reconnaisses que c'est l'Éternel qui est Dieu et qu'il n'y en a pas d'autre que lui. […] Sache donc aujourd'hui et retiens dans ton cœur que c'est l'Éternel qui est Dieu, en haut dans le ciel et en bas sur la terre, et qu'il n'y en a pas d'autre. Respecte ses prescriptions et ses commandements, que je te donne aujourd'hui, afin d'être heureux, toi et tes enfants après toi, et de vivre longtemps sur le territoire que l'Éternel, ton Dieu, te donne en propriété perpétuelle. (Dt 4.5-16, 35, 39-40, italiques ajoutés)

Afin d'être fidèles à leur mission parmi les nations, les Israélites doivent préserver la connaissance et l'adoration du seul vrai Dieu. C'est pourquoi il faut enseigner de génération en génération tout ce que Dieu a fait et tout ce que Dieu a dit. Tels devraient sûrement être aussi, à notre époque, le but ultime et le contenu essentiel de la formation théologique.

c) La maturité – Dans un monde aux nombreuses impostures : le résultat Paulinien

Quand nous parlons de la croissance de l'Église, nous entendons généralement la croissance numérique grâce à l'évangélisation et l'implantation d'églises. Toutefois, si vous aviez demandé à l'apôtre Paul : « Vos églises grandissent-elles ? », je pense qu'il n'aurait pas compris la question de cette façon. Pour Paul, la croissance évangélique était simplement « la croissance de l'Évangile ». C'est ainsi qu'il a pu écrire : « *Il est parvenu jusqu'à vous tout comme dans le monde entier, où il porte des fruits et progresse.* C'est d'ailleurs aussi le cas parmi vous depuis le jour où vous avez entendu et connu la grâce de Dieu dans la vérité » (Col 1.6, italiques ajoutés).

Paul a prié pour la croissance de l'Église en maturité :

> Voilà pourquoi nous aussi, depuis le jour où nous en avons été informés, nous ne cessons de prier Dieu pour vous. Nous demandons que vous soyez remplis de la connaissance de sa volonté, en toute sagesse et intelligence spirituelles, pour marcher d'une manière digne du Seigneur et lui plaire entièrement. Vous aurez pour fruits toutes sortes d'œuvres bonnes et vous progresserez dans la connaissance de Dieu, vous serez fortifiés à tout point de vue par sa puissance glorieuse pour être toujours et avec joie persévérants et patients. (Col 1.9-11)

Paul souhaite que les croyants de Colosses connaissent l'histoire de Dieu (la volonté et le dessein de Dieu), qu'ils vivent selon les critères de Dieu et démontrent la puissance de Dieu. Ainsi, pour Paul, la maturité pouvait être mesurée par (1) une connaissance et une compréhension croissantes de la foi, (2) une qualité de vie conforme à l'Évangile et agréable à Dieu, et (3) la persévérance même dans la souffrance et la persécution.

Comment atteindre une telle maturité chrétienne ? Sans surprise, au moyen d'un enseignement dispensé par ceux que le Christ a dédiés à l'Église. Nous pourrions consulter les épîtres pastorales et démontrer ce point à plusieurs reprises dans les nombreux passages où Paul encourage Timothée et Titus à être eux-mêmes des enseignants, des formateurs d'enseignants, des professeurs pour leur peuple – tout cela dans le but de s'opposer aux enseignements trompeurs et aux fausses pratiques de toute sorte. En ce temps-là, les croyants étaient – tout comme aujourd'hui – entourés de visions du monde qui concurrençaient la vraie confession de foi et proposaient des alternatives séduisantes. L'enseignement enraciné dans les Écritures était le remède et la protection apostoliques, tout comme il l'est aujourd'hui. Ce point important est soulevé de manière succincte dans Éphésiens : le ministère d'enseignement au sein de l'Église (dans lequel nous devons inclure la formation théologique) est un don ordonné par le Christ. Ce n'est pas une fin d'érudition en soi (la tentation de l'érudition est elle-même l'une des séductions idolâtres), mais un moyen d'atteindre une fin : préparer le peuple de Dieu pour la maturité spirituelle et la mission effective dans le monde.

> C'est lui qui a donné les uns comme apôtres, les autres comme prophètes, les autres comme évangélistes, les autres comme bergers et enseignants. Il l'a fait pour former les saints aux tâches du service en vue de l'édification du corps de Christ, jusqu'à ce que nous parvenions tous à l'unité de la foi et de la connaissance du Fils de Dieu, à la maturité de l'adulte, à la mesure de la stature parfaite de Christ. Ainsi, nous ne serons plus de petits enfants, ballottés et emportés par tout vent de doctrine, par la ruse des hommes et leur habileté dans les manœuvres d'égarement. Mais en disant la vérité dans l'amour, nous grandirons à tout point de vue vers celui qui est la tête, Christ. C'est de lui que le corps tout entier, bien coordonné et solidement uni grâce aux articulations dont il est muni, tire sa croissance en fonction de l'activité qui convient à chacune de ses parties et s'édifie lui-même dans l'amour. (Ep 4.11-16)

Nous pourrions sans aucun doute évoquer bien plus d'exemples bibliques concernant l'enseignement, mais, en résumé, Dieu a ordonné qu'il devrait y avoir des enseignants et de l'enseignement au sein du peuple de Dieu, afin :

1. Qu'il y ait une communauté apte à participer à la mission de Dieu d'apporter la bénédiction aux nations ;
2. Qu'elle reste fidèle au seul vrai Dieu révélé dans la Bible (YHWH dans l'Ancien Testament d'Israël, et incarné en Jésus de Nazareth dans le Nouveau Testament), et résistent à toutes les idolâtries ambiantes de leurs cultures ;
3. Qu'elle atteigne la maturité en compréhension, obéissance et persévérance dans la foi.

À ce stade, nous devons nous poser la question suivante : quels types de diplômés aurions-nous besoin de former si nous voulions démontrer que notre formation théologique est efficace et remplit son but biblique – à savoir, les finalités pour lesquelles Dieu a décrété et pourvu les moyens en vue d'un ministère d'enseignement au sein de son peuple ?

Cela signifie certainement que nous devrions voir les diplômés rejoindre leur ministère en étant :

- *engagés dans la mission* (dans toutes ses multiples dimensions bibliques) : désireux de participer à la mission de Dieu et de diriger les communautés qu'ils servent dans le cadre de la mission confiée à l'Église.
- *fidèles au monothéisme biblique* : totalement attachés au Dieu unique de la Bible, capables de discerner les faux dieux qui nous entourent et de leur résister. Cela inclut non seulement la capacité de comprendre et de défendre l'unicité du Christ dans des contextes de pluralité religieuse (et, si nécessaire, de témoigner de cette foi avec force et courage), mais également le discernement de nombreuses idolâtries plus subtiles dans toutes les cultures (par ex. consumérisme, ethnocentrisme, etc.)
- *marqués par la maturité* dans la compréhension, l'éthique et la persévérance : capables de réaliser ce que Paul exhorte Timothée et Titus à faire ; former des hommes et des femmes qui prennent soin de leur vie et de leur doctrine, et qui amènent les autres à la maturité, par un exemple divin et un enseignement biblique constant.

Est-ce vraiment alors le genre d'*objectif* que nous avons à l'esprit lorsque nous élaborons nos programmes, établissons notre cursus, préparons nos cours et organisons nos séminaires et ateliers ? Avons-nous l'intention de produire des personnes qui sont bibliquement engagées dans la mission, bibliquement monothéistes et bibliquement matures ? (j'utilise le mot « bibliquement » dans cette phrase pour signifier « selon la manière dont la Bible définit et décrit ces trois concepts »). Ensuite, sommes-nous *performants* dans la préparation de ces diplômés, et comment pouvons-nous savoir si nous le sommes ou non ?

Si ces considérations peuvent au moins nous aider à nous confronter à de telles questions et à travailler ensemble pour trouver des méthodes de réponse appropriées, cela nous aura aidés à cheminer dans la voie indiquée par la Bible.

3. Planifier pour l'efficacité et l'impact

Ayant établi que, dans la perspective biblique, les résultats ont de l'importance pour Dieu, et que le produit de l'enseignement / de la formation théologique parmi le peuple de Dieu est celui que nous venons de décrire, existe-t-il aussi un mandat biblique pour la *planification*, dans le but d'obtenir les genres de résultats, d'impact et d'efficacité qui s'accordent avec les objectifs de Dieu pour l'Église et le monde ?

Je pense qu'on peut répondre « oui » à cette question et illustrer cette affirmation par de nombreux exemples tirés de la Bible :

- Moïse était clairement un planificateur, même si ce n'était pas toujours de sa propre initiative : son beau-père et l'Esprit du Seigneur avaient parfois besoin de l'encourager (Ex 18, Nb 11).
- Josaphat voulait réformer la nation, il a minutieusement élaboré son plan puis a informé ceux qui étaient en charge de le mettre en œuvre (2 Ch 19).
- Néhémie a planifié, pourvu, préparé et protégé son grand projet.
- Esdras a fait de bons plans pour le tout premier programme de traduction de la Bible, accompagné de surcroît par un enseignement théologique (Né 8).
- La littérature de sagesse prône la prudence et la planification, dans un cadre de confiance en la providence et la souveraineté impérieuses de Dieu.
- Si Jésus savait que le but ultime de son incarnation, de sa mort et de sa résurrection en tant que Messie d'Israël serait une mission pour toutes les nations, en accomplissement des Écritures (et son enseignement dans Luc 24 indique qu'il le savait), on pourrait alors considérer son ministère terrestre de trois ans comme une planification et une préparation très complètes pour ceux à qui il a confié la première phase de cette mission.
- Paul avait des projets (même s'il savait que l'Esprit de Jésus pouvait les outrepasser, et il fut ainsi réactif à « l'homme de Macédoine » et à la rencontre par hasard d'une femme d'affaires juive au bord d'une rivière un jour de Sabbat). Le récit le plus évident de la planification de Paul se trouve dans Romains 15, avec son sentiment de la conclusion de sa mission dans la Méditerranée orientale et ses plans pour aller en Espagne via Rome. L'ironie est que nous ne savons pas si Paul a réalisé son projet, mais toujours est-il que nous n'aurions pas la lettre aux Romains s'il ne l'avait pas planifié. Nous devons ses autres lettres aux missions d'implantation d'églises qu'il a réellement accomplies, mais nous devons sa plus longue lettre à une mission qu'il a planifiée, mais qu'il n'a peut-être jamais accomplie.

- L'intention de Paul derrière les mandats qu'il avait donnés à Timothée à Éphèse et à Titus en Crète est également clairement exprimée.

Alors, *devrions*-nous planifier ? Oui, la Bible nous encourage à le faire.

Mais *que* devrions-nous planifier exactement dans la formation théologique qui permettra de produira les types de résultats que nous avons décrits plus haut – des hommes et des femmes engagés dans la mission biblique, fidèles au monothéisme biblique et marqués par la maturité spirituelle ? Grâce aux diverses contributions contenues dans ce livre, nous pourrons examiner sans aucun doute de nombreuses propositions intéressantes pour améliorer notre efficacité dans la réalisation de ces objectifs. Cependant, à mon avis, la plus grande contribution à l'objectif d'envoyer des diplômés qui seront performants selon ces termes sera de remettre la Bible elle-même au cœur de tout l'organisme vivant de la formation théologique avec ses nombreux bras et jambes, ruisseaux et branches (je mélange les métaphores sans vergogne !).

C'est l'appel que vous m'avez déjà entendu lancer lors d'autres conférences de l'ICETE : j'en appelle à *une réorientation biblique et missionnelle et à une réintégration de toute l'entreprise de formation théologique*, y compris à un audit radical de nos programmes aux niveaux macro et micro.

L'Engagement du Cap en appelle à cela à deux reprises, de manière assez catégorique :

> Nous avons soif de voir une conviction renouvelée, s'emparer de toute l'Église de Dieu, quant à la nécessité centrale de l'enseignement biblique pour la croissance de l'Église dans le service, l'unité et la maturité. (CTC IID.1.d.1)
>
> Nous avons soif de voir tous ceux qui implantent des Églises et tous ceux qui apportent un enseignement théologique placer la Bible au centre de leurs partenariats, non seulement dans leurs déclarations doctrinales, mais dans la pratique. Les évangélistes doivent utiliser la Bible comme la source suprême du contenu et de l'autorité de leur message. Les enseignants en théologie doivent recentrer l'étude de la Bible comme une discipline fondamentale de la théologie chrétienne, qui intègre et pénètre tous les autres champs d'étude et d'application. Par-dessus tout, l'enseignement théologique doit servir à équiper les pasteurs et enseignants pour exercer leur responsabilité principale, à : la prédication et l'enseignement de la Bible. (CTC IIF.4.d)

Ainsi donc,

- Si nous voulons que ceux qui dirigent l'Église, dans chaque génération, soient caractérisés par une passion pour la mission de Dieu révélée par la Bible, et qu'ils amènent les autres avec enthousiasme à participer avec Dieu de manière multiple et efficace dans leurs propres contextes ;
- Si nous voulons les voir marcher dans les pas des prophètes et des apôtres en affirmant et en défendant la révélation biblique de l'unique Dieu vivant et de son Fils, Jésus-Christ, seul Sauveur et Seigneur, et être capables de discerner et de combattre les idoles qui attirent leur peuple ;
- Si nous voulons les voir faire preuve de maturité spirituelle, dans leur vie et leur caractère, dans la qualité de leur leadership à l'image du Christ et dans l'efficacité de leur enseignement et de leur prédication ;
- *Alors, rien ne contribuera plus à l'accomplissement de ces résultats que de considérer la Bible elle-même comme « l'objet essentiel » de notre enseignement et de faire de celui-ci l'essence d'un programme intégré qui introduit la pensée biblique, les questions bibliques, les critères bibliques et le grand récit biblique, dans chaque discipline – y compris l'étude biblique elle-même.*

Si nous voulons de meilleurs résultats bibliques, il nous faut de meilleurs apports bibliques.

Chris Wright

Je pense que cela signifie, par exemple, que les enseignants de *théologie systématique* doivent chercher à montrer comment l'ensemble de la théologie chrétienne reflète en fait les implications de chaque partie de la révélation contenue dans la grande histoire de la Bible.

L'*Histoire de l'Église* doit donc être considérée comme le récit de l'accomplissement de la mission de Dieu dans « l'acte 5 » du récit biblique – et évaluée en termes de fidélité, ou manque de fidélité, aux modèles déjà établis dans « actes 1-4 » et de l'espérance de « l'acte 6 »[4].

En *Éthique*, nous aidons donc les étudiants, non seulement à comparer les différents systèmes de valeurs (qu'ils soient théologiques, philosophiques ou éthiques), mais aussi à considérer chaque problème éthique à la lumière de chaque partie de l'histoire de la Bible – c'est-à-dire, quel éclairage apportent les implications des grands faits et vérités de chaque section, dans les six actes, sur la question considérée.

Nous sommes tentés de multiplier le nombre de *cours pratiques* sur telle ou telle nouvelle question qui vient de surgir dans le monde. Quelque chose de nouveau devient « un grand problème », et nous pensons que nous devons ajouter un cours à notre programme déjà surchargé, en l'insérant souvent aux dépens des cours bibliques pour faire de la place. Cependant, naturellement, dès que les étudiants obtiennent leur diplôme et quittent le programme, un autre « grand problème » surgit, qu'il leur faut aborder. Dès lors, ils sont déconcertés parce qu'ils n'ont pas « suivi un cours sur ce sujet à la faculté », et ils perdent ainsi leur efficacité, leur pertinence et leur impact. Nous devrions plutôt leur apprendre à aborder chaque problème à la lumière des enseignements de la Bible. Celle-ci peut ne pas avoir de réponse directe (chapitre et verset) au nouveau problème, mais le fait d'éclairer systématiquement le sujet à la lumière de la révélation biblique tout au long du canon aidera à générer une réponse qui peut légitimement se réclamer « biblique ».

J'aimerais voir une telle « approche totalement biblique » devenir caractéristique de toute la formation théologique – dans toutes les disciplines. Nous devrions apprendre ensemble à lire la Bible dans son ensemble et à enraciner profondément notre théologie et notre pratique dans le « conseil

4. Voir C. Bartholomew et M. Goheen, *The Drama of Scripture: Finding Our Place in the Biblical Story*, 2e éd., Grand Rapids, Baker, 2014. Ce livre présente la grande histoire de la Bible comme la pièce de théâtre de la mission de Dieu, une pièce en six actes : Acte 1, Création ; Acte 2, la Chute (rébellion humaine) ; Acte 3, la Promesse de Dieu à Abraham et le récit de l'Ancien Testament ; Acte 4, l'Évangile de Christ ; Acte 5, la mission de l'Église aux nations ; Acte 6, la nouvelle création.

intégral de Dieu ». Il nous faut aider nos étudiants à voir que la Bible n'est pas seulement un objet de leurs études (un élément parmi d'autres sur leur liste de « cours », limité à ceux qui font des « études bibliques »), mais le sujet de leur réflexion – à propos de tout. La Bible n'est donc pas seulement quelque chose « auquel nous pensons », mais plutôt quelque chose « avec lequel nous pensons ». La Bible informe et guide la façon dont nous pensons à tout le reste – que ce soit en classe ou dans tout le reste de la vie dans le monde. La Bible est le prisme à travers lequel toute la vie, y compris tout ce que nous apprenons à l'école théologique, est perçue et évaluée.

Alors, pour être très franc à ce stade, chaque fois que la formation théologique néglige ou marginalise l'enseignement de la Bible, ou l'inclut avec peine au sein d'un programme qui est déjà rempli d'autres sujets, cette formation théologique devient elle-même non biblique, et désobéit au mandat clair qui nous est enseigné dans les deux Testaments. Une formation théologique qui ne produit pas des hommes et des femmes connaissant parfaitement leur Bible, pouvant enseigner et prêcher les Écritures, capables d'aborder les problèmes auxquels ils sont confrontés à la lumière de la Bible et capables de nourrir et de fortifier le peuple de Dieu par la Parole de Dieu – quelles que soient les autres choses que la formation théologique peut faire, ou revendiquer avoir fait, ou recevoir la reconnaissance pour l'avoir fait, il n'en demeure pas moins qu'*elle fait défaut à l'Église car elle ne parvient pas à l'équiper, ainsi que ses dirigeants, pour qu'ils remplissent leur vocation et leur mission dans le monde.*

Mon plaidoyer consiste donc simplement en ceci : si nous sommes en train de réfléchir à comment planifier notre programme pour que notre formation théologique soit féconde et ait un impact conforme à ce qui compte le plus pour Dieu selon la Bible, laissons la Bible être elle-même le prisme principal et pur à travers lequel nous éduquons nos étudiants pour tout le reste. Pouvons-nous planifier à *cette* fin ?

4. Démontrer l'efficacité et l'impact : pouvons-nous les mesurer ?

Investir du temps et des efforts dans la *planification* en vue d'être efficace dans l'impact à long terme de notre formation théologique est une chose, mais pouvons-nous *démontrer* que nous sommes réellement efficaces ? Cette tâche est beaucoup plus complexe et incertaine.

Le mandat biblique

La Bible n'est pas du tout réticente à décrire et quantifier des *résultats positifs* de toutes sortes de manières, avec des faits et des chiffres qui les prouvent. On nous donne, par exemple, dans Exode 35, les détails de tous les matériaux précieux donnés pour la construction du tabernacle, et dans Nombres 7, nous avons le détail des offrandes tribales lors de l'achèvement de ce tabernacle. De même, dans 1 Chroniques 28-29, l'appel de David à faire des cadeaux pour le temple obtient un très bon résultat, dûment enregistré. On nous décrit régulièrement la taille des armées ennemies et l'ampleur du succès militaire, prouvant la puissance de Dieu dans la victoire. Samson tue un millier de Philistins avec la mâchoire d'un âne, « faisant un impact », pourrait-on dire, du moins du point de vue des Philistins.

Les Évangiles décrivent les résultats de la parole et des actions de Jésus, parfois en chiffres – prouvant qui il était et pourquoi il était venu. De même, le livre des Actes des Apôtres enregistre le nombre croissant de nouveaux croyants, et prouve l'efficacité et l'impact de l'évangile à Éphèse, par le ralentissement économique dans l'industrie des idoles et l'émeute qui s'ensuivit. Dans l'Apocalypse, on pourrait dire que la vision de Jean d'une grande multitude, composée de chaque tribu et nation et langue et peuple, est la preuve ultime du résultat de la promesse de Dieu à Abraham dans la Genèse. Toute la Bible est une grande histoire de « résultat et d'impact » !

Les avertissements bibliques

Compter et mesurer peut cependant être équivoque ou dangereux. Dans Nombres 13.1-14.9, les espions ont ramené des fruits énormes, démontrant la qualité vérifiable du pays que Dieu avait promis. Mais certains d'entre eux avaient mesuré la taille des « géants » dans le pays et la hauteur des murs des villes – et se sont sentis comme des « sauterelles » en comparaison. Ainsi, une promesse, une opportunité et une génération entière ont été gâchées par des mesures trompeuses et un complexe d'infériorité.

Le motif de David pour dénombrer la taille de ses forces armées n'est pas explicitement révélé, mais sa décision allait à l'encontre du conseil de son commandant en chef, Joab, et a déplu au Seigneur. Elle représentait sans doute un signe de fierté ou d'orgueil, comme si la sécurité de son royaume dépendait de la taille de son armée, plutôt que de la promesse de son Dieu. Les résultats furent tragiques (1 Ch 21).

Être trop préoccupé par des résultats mesurables peut amener à *se glorifier soi-même* – une tentation que Paul connaissait bien et à laquelle il résistait. Il ne se glorifiait personnellement de rien mais juste de ce qu'il pouvait dire des accomplissements de Dieu :

> Je peux donc me montrer fier en Jésus-Christ de l'œuvre de Dieu. En effet, je n'oserais rien mentionner si Christ ne l'avait pas accompli par moi pour amener les non-Juifs à l'obéissance par la parole et par les actes, par la puissance des signes et des prodiges et par la puissance de l'Esprit de Dieu. Ainsi, depuis Jérusalem et en rayonnant jusqu'en Illyrie, j'ai abondamment propagé l'Évangile de Christ. (Rm 15.17-19)

Nous devons sans cesse rendre gloire à Dieu pour ses accomplissements sur terre.

> Non pas à nous, Éternel, non pas à nous,
> mais à ton nom donne gloire,
> à cause de ta bonté, à cause de ta vérité. (Ps 115.1)

Ainsi la Bible tout à la fois nous *mandate* pour compter et mesurer de manière appropriée, et nous *avertit* de ne pas le faire pour de mauvaises raisons ou motifs. Elle en appelle à notre capacité de discernement – et nous devons l'exercer constamment.

En outre, gardons à l'esprit qu'il y a l'incommensurable – Dieu lui-même, évidemment, et toutes les preuves de son engagement d'amour, de grâce et d'alliance envers nous. Les psalmistes le réaffirment souvent.

> Éternel, mon Dieu, tu as multiplié
> tes merveilles et tes plans en notre faveur.
> Personne n'est comparable à toi.
> Je voudrais les raconter et les proclamer,
> mais leur nombre est trop grand pour en faire le compte.
> (Ps 40.6)

L'œuvre de Dieu est efficace et produit un impact mais elle est souvent incommensurable.

Nous savons tous que parfois ce qui compte vraiment est incalculable. Nous devons également admettre que si les résultats sont souvent incalculables, ils sont aussi souvent *imprévisibles*. C'est Dieu qui est souverain, et l'Esprit de Dieu « souffle où il le désire ». La sagesse de l'Ecclésiaste pourrait constituer une « musique de fond » utile et qui donne à réfléchir pour tout ce que nous essayons de faire. Souvenons-nous tout au long de nos efforts pour assurer de bons résultats et pour mesurer notre impact, qu'il y a des choses que nous ne savons pas et ne pouvons pas savoir à l'avance, et que nous ne pouvons ni contrôler ni prédire. Il faut donc beaucoup de foi, de courage et un esprit d'aventure.

> Jette ton pain à la surface de l'eau, car avec le temps tu le retrouveras. Donnes-en une part à sept et même à huit personnes, car tu ne sais pas quel malheur peut arriver sur la terre. Quand les nuages sont gorgés d'eau, ils la déversent sur la terre. Si un arbre tombe, que ce soit au sud ou au nord, il reste là où il est tombé. Celui qui observe le vent ne sèmera pas et celui qui regarde les nuages ne moissonnera pas. Tu ne sais pas quel parcours le vent suit ni comment les os se forment dans le ventre de la femme enceinte ; de même tu ne connais pas l'œuvre de Dieu, l'auteur de tout ce qui existe. Sème tes graines dès le matin et le soir ne laisse pas ta main en repos, car tu ne sais pas ce qui réussira : est-ce que ce sera ceci ou cela ? Est-ce que l'un et l'autre seront également bons ? (Ec 11.1-6)

Enfin, j'en appelle à ce que, dans notre souci légitime de compter, de mesurer et de vérifier notre efficacité et notre impact, *nous ne négligions pas le pouvoir du témoignage et du récit*. La Bible elle-même en regorge. Elle nous donne une abondance de faits, de quantités et de chiffres – et cela, dans les deux Testaments – nous montrant que nous n'avons pas tort de nous impliquer dans cette dimension de notre tâche. Imaginez un instant que les Évangiles, ou le livre des Actes, nous aient été donnés uniquement sous forme de nombres – comme ils pourraient l'être.

Il nous suffirait d'insérer quelques statistiques dans le Credo des Apôtres !

> <u>Jésus</u>
> a opéré 127 miracles de guérison
> a fait 27 prédications
> a donné 31 paraboles
> a nourri 9000 personnes (au moins)
> etc.
> <u>L'Église primitive</u> s'est agrandie jusqu'à 3 000 personnes, puis 5 000, etc.
> L'Évangile a été proclamé dans 25 villes au cours des voyages missionnaires de Paul, etc.

Nous pourrions mettre le Nouveau Testament sur quelques diapositives PowerPoint remplies de telles statistiques. Mais nous serions bien pauvres sans la grande histoire de la Bible et toutes les petites histoires qui la tissent.

La Bible met beaucoup l'accent sur la puissance du témoignage, du récit de ce que Dieu a fait. En effet, c'est en racontant et en répétant ces histoires que l'enseignement des deux Testaments a été principalement accompli – avec le résultat escompté que la communauté serait formée et équipée en apprenant les histoires concernant Dieu en action et en s'attendant constamment à ce que Dieu « le fasse à nouveau ».

Abstenons-nous de mépriser ce qu'on appelle parfois, de façon assez désobligeante, une « preuve anecdotique ». Nous devons certes compléter ces preuves par des faits et des chiffres, des pourcentages et des graphiques, etc., chaque fois que nous pouvons le faire, mais c'est dans les récits que l'histoire réelle de l'efficacité et de l'impact de nos efforts sera entendue, comprise et gardée en mémoire.

En termes plus simples : il y a quarante-cinq ans, John Stott a commencé le programme connu aujourd'hui sous le nom de Langham Scholars. Est-ce que ce programme a été efficace ? A-t-il eu un impact ? Je pourrais vous donner les statistiques – le nombre de chercheurs, les pays qu'ils servent, le nombre de séminaires dans lesquels ils enseignent, le nombre d'étudiants auxquels ils ont dispensé leurs cours, les livres qu'ils ont écrits, les multiples ministères qu'ils ont inspirés, etc. Toutes ces informations sont utiles et nous les collectons très soigneusement. Elles vous impressionneront peut-être, mais dès demain, vous les aurez oubliées.

Je préférerais plutôt vous présenter les quelque 35 diplômés de Langham Scholars qui sont présents ici à l'ICETE 2015 et les laisser vous raconter leurs histoires. Cela représenterait des récits de vie, le pouvoir du témoignage. Cela reviendrait à voir les résultats, l'impact et l'efficacité non seulement mesurés mais aussi incarnés.

Alors réjouissons-nous des statistiques chaque fois que nous le pouvons, car la Bible le fait. Mais réjouissons-nous encore davantage de ce que nos yeux ont vu et de ce que nos oreilles ont entendu.

Questions pour la discussion

1. Lorsque vous considérez le sujet de « l'évaluation », êtes-vous plutôt « enthousiaste » ou « méfiant » ? Quels sont les facteurs clés qui déterminent votre attitude face à l'évaluation ?
2. Le résultat de la formation théologique comme « mission de Dieu pour le bien des nations » est fondamental à la portée de ce chapitre.

Décrivez les façons dont votre institution prend ce résultat au sérieux. Quels sont les domaines, selon vous, dans lesquels votre institution pourrait s'améliorer ?

3. Plusieurs résultats de la formation théologique sont suggérés : (a) le résultat Abrahamique d'être intentionnellement missionnaire ; (b) le résultat Mosaïque de la transmission au fil des générations de tout ce que Dieu a fait et dit ; (c) le résultat Paulinien de la maturité spirituelle. Donnez des pourcentages approximatifs quant à l'accent proportionnel accordé à ces points dans vos propres cursus. Quels autres aspects votre institution incluent-ils ? Suggérez un domaine spécifique dans lequel vous pensez que votre institution pourrait s'orienter vers un équilibre plus sain entre ces accents.
4. Que comprenez-vous par l'adoption d'une « approche totalement biblique » pour le programme d'études, telle que suggérée dans ce chapitre ? Quelles sont les forces d'une telle approche ? Quels en sont les risques potentiels ?
5. À l'approche de la tâche d'évaluation, qu'avez-vous personnellement trouvé utile dans l'avertissement final de conserver un objectif biblique dans la recherche sur le terrain ?

2

Aller au-delà des quatre « B » dans l'évaluation

Scott Cunningham
Directeur exécutif, Overseas Council, États-Unis

Par les quatre « B », je me réfère au cadre référentiel que nous avons souvent utilisé pour évaluer nos écoles de théologie : les Bâtiments, la Bibliothèque, le Budget et la Base (humaine)[1]. Cependant, au cours d'un récent projet de l'Overseas Council sur l'élaboration de programmes d'études axée sur les résultats (*outcomes-based curriculum development*), j'ai découvert une approche différente pour évaluer nos programmes. Dans ce chapitre, j'aimerais partager les grandes lignes de cette approche, en commençant par ma découverte de ce que le Séminaire théologique baptiste arabe (ABTS, situé à Beyrouth, Liban) était en train de mettre en œuvre. Cette découverte a fait évoluer de manière positive ma façon d'évaluer nos programmes de formation théologique.

Il y a quelques années, l'ABTS a radicalement révisé son programme d'études afin de le rendre plus sensible aux besoins changeants en matière de leadership de l'Église au Moyen-Orient. Ils étaient maintenant prêts à évaluer leur expérience. En entendant leur expérience, j'en suis reparti avec de nouvelles perspectives.

1. Changer le but de l'évaluation

Ma première découverte importante au sujet de leur système d'évaluation était leur *changement d'approche quant à l'objet de l'évaluation elle-même.*

En effet, au lieu de se concentrer sur les activités de l'institution, ils mettaient *l'accent sur les résultats* obtenus par celles-ci. L'attention était donc portée sur

1. N.d.T. : Dans l'original en anglais, les quatre « B » sont : *bricks, books, bucks and bodies.*

l'évaluation des résultats réels du cursus. Où peut-on voir les résultats du programme d'études ? Les résultats de l'école de théologie sont démontrés dans les ministères des diplômés et dans les Églises qu'ils servent. Cela devient le nouveau centre d'intérêt du processus d'évaluation.

Cela représente un changement fondamental d'orientation par rapport à la façon dont notre évaluation a généralement lieu. Pendant de nombreuses années, les normes d'accréditation des institutions de formation ont porté sur :

- les ressources de l'école, comme les installations, le personnel, les fonds et la bibliothèque (d'où les quatre « B » : Bâtiment, Base humaine, Budget, Bibliothèque) ;
- les activités qui se déroulent à l'intérieur de l'école, telles que le programme d'enseignement, la gouvernance, les politiques et les procédures.

Cependant, si la mission de l'institution est de servir l'Église, la seule façon de savoir si elle accomplit réellement sa mission est de se demander : dans quelle mesure les églises au sein desquelles nos diplômés exercent leur ministère sont-elles bien servies ? Quelle différence nos diplômés font-ils dans ces églises et dans les autres ministères qu'ils dirigent ?

Pour reprendre les mots de Rupen Das, ancien membre du corps enseignant de l'ABTS : « Le succès d'une institution théologique dépend de l'efficacité de ses diplômés dans l'exercice de leur ministère ».

Ce que l'ABTS entreprenait est devenu pour moi une étude de cas passionnante et importante. Pour nous autres formateurs et responsables théologiques, cette nouvelle approche de l'évaluation représentait notre volonté exprimée et notre ambition depuis de nombreuses années. Et pourtant, je ne voyais que très peu de progrès dans cette direction lorsque j'observais comment l'évaluation était réellement pratiquée.

Ce désir, par exemple, était déjà énoncé en 1990 dans l'importante déclaration du « Manifeste pour le renouveau de l'enseignement théologique évangélique » de l'ICETE :

> 5. L'évaluation permanente : [...] Nous devons considérer l'évaluation des résultats de nos programmes non comme un simple bénéfice mais comme un devoir, afin d'évaluer sur une base solide dans quelle mesure nos objectifs sont atteints. Cela demande la mise en place de moyens pour évaluer *les compétences réelles de nos diplômes* par rapport aux objectifs fixés[2].

2. « Manifeste pour le renouveau de l'enseignement théologique évangélique », http://www.icete-edu.org/manifesto/Manifesto_ICETE_FR.pdf, italiques ajoutés.

2. Mettre en œuvre le « modèle logique »

La deuxième caractéristique la plus importante de cette nouvelle approche se trouvait dans le cadre conceptuel utilisé pour cette évaluation. Le « modèle logique » (ou la « théorie du changement ») est couramment utilisé dans le monde du développement communautaire[3] ou par des organisations à but non lucratif. Dans ces organismes, en effet, le succès, ou degré de réussite d'une organisation ne peut être mesuré en termes de profit ou de résultat financiers.

Qu'est-ce que le « modèle logique ? »

Le « modèle logique » est « une théorie de programme [qui] explique comment une intervention (un projet, un programme, une politique, une stratégie) est considérée comme contribuant à une chaîne de résultats qui produisent les impacts escomptés ou réels[4] ».

Pour illustrer notre propos, nous pouvons prendre un exemple du milieu du développement communautaire. Imaginez que les enfants d'un village particulier meurent parce qu'ils boivent une eau impure. Vous souhaitez évaluer un programme éducatif qui avait été conçu et mis en œuvre pour résoudre ce problème. Ce programme a-t-il réussi ? A-t-il accompli sa mission ?

Nos actions et leurs résultats

Le « modèle logique » suppose que vous considérez le programme en deux dimensions principales : vos activités et les résultats que vous obtenez. Vos activités peuvent être subdivisées en deux parties : les apports et les activités. À l'identique, les « résultats de vos activités » sont décomposés en deux (ou parfois trois) parties : la production et les résultats/impacts. Résumons :

- Les activités : ce que le programme fait pour accomplir sa mission.
- Les apports : Les ressources requises pour mener à bien les activités.
- La production : le résultat immédiat et à court terme des activités. Les biens ou services produits, ou les personnes formées.

3. N.D.E. : Développement communautaire : « manière de travailler fondée sur la poursuite de l'équité, de la justice sociale, de la participation et de l'autonomisation, qui permet aux gens de cerner les sujets de préoccupation communs et qui les soutient dans l'action entreprise à cet égard » (OMS, 1999).
4. « Develop Program Theory », BetterEvaluation, consulté le 20 septembre 2017, https://www.betterevaluation.org/en/rainbow_framework/define/develop_programme_theory.

- Les résultats et l'impact : les résultats à moyen et à long terme qui sont la conséquence de la production.

Un exemple

Nous pouvons à présent appliquer le modèle logique pour évaluer le programme éducatif de développement communautaire que nous utilisons à titre d'exemple.

Tout d'abord, il nous faut déterminer les indicateurs du succès de ce programme éducatif. Nous pourrions identifier les éléments suivants pour évaluer les activités du projet :

- Combien de mères ont été éduquées concernant l'eau propre ?
- Quel était le contenu de ce qui a été enseigné aux mères au sujet de l'eau propre ?

Ainsi, en considérant les activités, un indicateur possible de la réussite du projet pourrait être que 90 % des mères dans le village ont été formées au sujet de l'eau propre.

Si nous souhaitions évaluer les **apports**, quel serait l'indicateur que notre programme a été couronné de succès ?

- Combien d'argent a été investi dans le programme ?
- Les formateurs étaient-ils qualifiés pour enseigner le programme ?

Si nous voulions évaluer la **production**, quel serait l'indicateur que notre programme a réussi ?

- Nous pourrions évaluer les connaissances, les compétences et les attitudes des mères après le programme de formation par rapport à avant la formation.

En utilisant cette approche, un indicateur possible de succès pourrait être que les mères qui ont été formées sont à présent convaincues que l'eau propre est importante pour la santé de leurs enfants. De plus, elles savent maintenant faire bouillir l'eau pour la purifier.

Si nous évaluions *les résultats/l'impact* du programme, qu'est-ce qui indiquerait que notre programme a réussi ? Plusieurs indicateurs possibles viennent à l'esprit : par exemple, 90 % des familles dont les mères ont été formées font bouillir leur eau pendant au moins dix minutes. Ou encore, le taux de mortalité infantile dans le village où les mères ont été formées (c'est-à-dire le nombre d'enfants qui vivent au-delà de leur premier anniversaire) a diminué de 50 % par rapport au taux enregistré avant le programme.

Si vous avez participé à l'organisation de ce programme (c'est-à-dire que vous l'avez soit conçu, soit financé, soit dirigé ou encore enseigné), lequel de ces indicateurs sera le plus important pour vous ? Quel indicateur démontre le mieux le succès du projet ? Qu'est-ce que vous voulez vraiment évaluer ? Les activités, les apports, la production ou les résultats et l'impact ?

En fin de compte, ce ne sont pas tant les apports ou les activités qui vous intéressent, ou le nombre de mères formées et le nombre d'entre elles qui ont appris que la purification de l'eau était liée à la santé de leurs enfants. Le village entier aurait pu être formé sans qu'il y ait la moindre différence perceptible dans l'accomplissement des objectifs de ce projet. En réalité, ce ne sont pas les indicateurs de la nature de votre action qu'il est important d'évaluer ; **ce qui vous intéresse plutôt, ce sont les résultats de votre action.** Au final, le succès du projet est mesuré par les indicateurs des résultats et de l'impact du projet – comment le programme apporte une différence et accomplit sa mission. Ainsi, dans notre illustration du développement communautaire, le véritable succès du projet de formation ne peut être mesuré qu'en termes de réduction de la mortalité infantile.

L'objet de notre exemple est d'illustrer qu'au bout du compte, le succès de nos efforts éducatifs est mesuré, non pas par ce que nous faisons, mais par les résultats que nous en obtenons.

3. Appliquer le modèle logique à l'enseignement de l'école de théologie

Nous pouvons à présent appliquer le modèle logique à l'évaluation d'un programme d'enseignement théologique.

Nous commençons avec le même cadre :

Les activités

Pour l'enseignement, il s'agit du « cursus » au sens large. Des indicateurs possibles sont :

- Combien d'heures de crédit sont nécessaires pour obtenir une licence ?
- Combien de cours sont directement en lien avec la Bible ou la théologie ?

Les apports (ou les ressources)

- Combien de membres du corps professoral sont titulaires d'un doctorat ?
- Nous incluons ici les quatre « B » qui sont généralement mesurés : les Bâtiments (se référant aux bâtiments, campus et installations), le Budget (les fonds et le financement), la Bibliothèque (les livres et les ressources de documentation) et la Base (humaine : le nombre et la qualité des étudiants et des professeurs).

Le produit

- Quels sont le caractère, les connaissances et les compétences que nous observons chez le diplômé ? (Les qualités et compétences que nous souhaitons voir chez un étudiant à la fin de ses études sont parfois listées dans un « profil de diplômé » développé par l'institution).

Les résultats (et l'impact)

- Il s'agit des changements liés au résultat escompté de nos programmes et qui sont observés dans la performance de nos diplômés là où ils œuvrent.
- Au final, les résultats et l'impact se voient dans la croissance spirituelle de l'Église. C'est le résultat souhaité de notre programme de formation théologique.

Notez que ce que les enseignants appellent souvent la « formation axée sur les résultats » est, dans notre cadre d'école théologique, réellement centrée sur le produit, et serait donc plus justement décrite comme une « formation basée sur le produit ».

En résumé :

- *Les apports et les activités* portent leur attention sur la qualité de l'école elle-même. Cela a été l'objectif habituel de l'accréditation dans le passé et c'est encore souvent le cas aujourd'hui.
- *La production* porte son attention sur le diplômé.
- *Les résultats* portent sur les églises dans les lieux où les diplômés œuvrent. Cela génère des questions telles que : « Quelles sont les

caractéristiques d'une église en bonne santé dans ce contexte ? » et « Dans quelle mesure nos diplômés impactent-ils la santé de l'Église ? »

Conclusion : les trois choses que j'ai apprises

Permettez-moi de conclure en soulignant les trois choses les plus importantes que j'ai apprises lors de mon expérience avec l'ABTS et de notre projet ultérieur à l'Overseas Council concernant l'évaluation de nos programmes de formation théologique.

a) *Changer de centre d'intérêt.* Cette approche modifie le but de l'évaluation : au lieu de nous concentrer sur ce que l'école fait, nous nous concentrons plutôt sur les résultats produits par les enseignements et activités de l'école, tels qu'ils peuvent être observés chez nos diplômés et dans leurs églises. Autrement dit, cela détourne notre attention des quatre « B » vers le « Bang » qui en résulte, c'est-à-dire les résultats et l'impact.
b) *Appliquer le modèle logique.* Non seulement cette approche nous aide à porter notre attention sur les résultats, mais elle nous aide également à distinguer les différents niveaux de résultats, c'est-à-dire entre le produit (tel qu'observé dans l'apprentissage de l'étudiant) et les résultats et impacts (tels qu'observés chez les diplômés et dans leurs ministères).
c) *Améliorer le cursus.* Ce n'est que si nous pouvons évaluer le degré de réalisation de l'objectif de nos programmes de formation que nous pourrons alors nous demander : « Comment tirer des leçons de cette évaluation pour ajuster nos programmes/activités afin d'y apporter des améliorations ? » C'est la raison pour laquelle nous avons appelé notre projet : « Révision du cursus axée sur la recherche ». Autrement dit, notre évaluation ne vise pas l'évaluation en soi, mais plutôt le moyen d'améliorer notre programme en fournissant des données qui indiquent les résultats.

Au cours des dix-huit mois qui viennent de s'écouler, l'OC a accompagné la démarche de dix institutions de par le monde, qui ont œuvré ensemble afin d'apprendre comment mieux évaluer leurs programmes. Ce fut un réel privilège de les voir approfondir ces notions pour apprendre et développer de nouvelles façons d'envisager leurs écoles.

Questions pour la discussion

1. Dans quelle mesure les églises où nos diplômés exercent leur ministère sont-elles bien servies ? Quelle différence nos diplômés apportent-ils dans ces églises et dans les autres ministères qu'ils dirigent ?
   Pour que ces questions soient significatives, elles ont besoin de plus de précision. Pour votre institution, comment définiriez-vous le terme « différence » ? Quels sont, selon vous, les principaux critères pour déterminer si vos diplômés remplissent l'objectif de l'école ? Qui devrait être impliqué dans la définition de ces critères ?
2. L'une des clés de l'utilisation du « modèle logique » pour l'évaluation réside dans le but ultime de l'impact que l'on souhaite avoir. En considérant le contexte local des églises où vos diplômés œuvrent, faites une liste d'au moins trois grands domaines où vous désirez observer un impact significatif dans la communauté. Prière d'être aussi précis que possible. Comment allez-vous évaluer les changements dans ces domaines ?

3

Relier le programme d'études et le contexte

Les fondements de la pertinence dans la formation théologique[1]

Rupen Das
Directeur national, Société Biblique Canadienne

Aujourd'hui, alors que nous nous rencontrons à Antalya, le lieu est bien choisi pour discuter de la pertinence et de l'impact de la formation théologique. Nous nous trouvons en effet dans une partie du monde où rester fidèle aux enseignements des apôtres dans un contexte de philosophies et d'allégeances concurrentes était un défi considérable pour l'Église primitive. Comment la vérité sur le Christ fut-elle transmise dans les contextes très différents du monde juif où les apôtres avaient connu le Christ ? Le problème consistait à relier les enseignements de Jésus et des apôtres au contexte.

Ce défi fut le plus évident, sans doute, dans la vie de Polycarpe, dont la famille avait quitté Jérusalem après sa chute en l'an 70 apr. J.-C. et s'était installée dans la province d'Asie, à quelques centaines de kilomètres d'ici, côté ouest. C'est ici, dans la ville d'Éphèse, que le jeune homme fut formé par l'apôtre Jean. Plus tard,

1. Ce chapitre reprend des parties de l'ouvrage du même auteur publié par Langham Publishing : Rupen Das, *Relier les études théologiques et le contexte : Pour des formations plus pertinentes*, Collection ICETE, Carlisle, Langham Global Library, 2018. L'original s'intitule : *Connecting Curriculum with Context: A Handbook for Context Relevant Curriculum Development in Theological Education*, ICETE Series, Carlisle, Langham Global Library, 2015.

Polycarpe fut nommé par Jean lui-même évêque de Smyrne, aujourd'hui Izmir, un peu plus haut sur la côte.

Polycarpe était l'un des rares pères de l'Église en lien direct avec les apôtres, qui avaient connu Jésus et entendu ses enseignements, et l'Église primitive de la fin du premier siècle et du début du deuxième. À cette époque, bien avant que les doctrines de la jeune Église ne se précisent dans les différents conciles et crédos, le défi pour Polycarpe était de s'assurer que les enseignements des apôtres, qu'il avait entendus directement de Jean, restent fidèles et soient transmis à la génération suivante.

Ce n'était pas une tâche facile. L'hellénisme montait et une vision grecque du monde dominait tout discours intelligent. L'apôtre Jean avait pu contextualiser la compréhension de l'identité du Christ en adoptant le terme *Logos* de la philosophie grecque, pour essayer d'expliquer comment Dieu s'implique dans le monde et dans la vie humaine. En observant l'effort de contextualisation de Jean, Polycarpe avait appris non seulement les doctrines qui commençaient à définir cette nouvelle foi, mais aussi comment relier la réalité du Christ, qu'il avait appris à connaître, au contexte culturel et intellectuel dans lequel il vivait.

Le sujet se révéla critique quand il dut confronter l'hérétique Marcion, qui essayait de séparer l'Église de ses racines juives et de redéfinir, dans la foulée, qui étaient Jésus et Dieu. Afin de faire face à l'hérésie, Polycarpe fut capable de passer au crible les arguments de la culture et de la philosophie grecque qui sous-tendaient l'hérésie de Marcion et ne s'alignaient pas avec la vérité, garantissant dans le processus que l'Église primitive reste ancrée dans les enseignements de Jésus et des apôtres.

Tel est donc le défi auquel tous les théologiens et les missiologues sont confrontés : comment prendre une vérité apprise dans un contexte et la rendre pertinente dans un autre ? Daniel Migliore, un théologien de l'université de Princeton, écrit : « Nous confessons Jésus-Christ dans des contextes historiques et culturels spécifiques. Notre réponse à ces deux questions : « Qui est Jésus-Christ ? » et « comment nous aide-t-il ? », est fortement influencée par le contexte particulier dans lequel ces questions surgissent[2] ». Pour les enseignants théologiques, le défi est encore plus complexe : comment former les étudiants aux compétences nécessaires pour apporter le Christ qu'ils connaissent dans leur contexte vers un contexte historique et culturel différent, et permettre aux peuples de ce dernier contexte de rencontrer le même Christ ? C'est exactement

2. Daniel MIGLIORE, *Faith Seeking Understanding: An Introduction to Christian Theology*, Grand Rapids, Eerdmans, 2004, p. 197.

ce que l'apôtre Jean a dû faire : apporter le Christ qu'il avait connu dans un contexte juif palestinien, et enseigner à Polycarpe comment proclamer ce Christ dans un contexte intellectuellement grec et politiquement romain. En un sens, l'efficacité de l'apôtre Jean dans la formation de Polycarpe et sa propre formation en tant que disciple peut être évaluée par le succès avec lequel Polycarpe a géré l'hérésie de Marcion.

Évaluer l'impact de la formation théologique a toujours été un défi. Comment relier notre enseignement théologique aux contextes dans lesquels nos étudiants exerceront leur ministère, afin qu'ils soient performants ? Dans un monde pluraliste où les diplômés d'institutions théologiques exercent leur ministère dans des contextes et cultures très différents, l'enseignement théologique doit être pertinent et sensible au contexte. S'assurer que les étudiants maîtrisent un noyau de concepts et de vérités théologiques, et qu'ils possèdent des connaissances bibliques et des compétences de base en ministère, ne suffit plus. L'impact d'une institution théologique est mesuré par l'efficacité de ses diplômés dans leurs contextes de ministères spécifiques. Par conséquent, le programme théologique doit être en lien étroit avec les contextes des diplômés.

Le pasteur Eugène Peterson soutient que toute théologie est ancrée géographiquement : « Le temps est venu de redécouvrir la signification de ce qui est local, et, en termes ecclésial, de la paroisse. Toutes les églises sont locales. Tout travail pastoral se déroule dans un lieu géographique déterminé[3] ». Si cette affirmation est vraie, les diplômés d'institutions théologiques ont-ils alors la capacité et les outils pour comprendre le contexte local ?

Dans les pages qui suivent, j'essaierai de préparer le terrain concernant l'évaluation de l'efficacité de la formation théologique et son impact, en examinant (1) comment différents modèles de formation théologique ont évolué au fil du temps pour répondre aux besoins de l'Église et de la société, et (2) comment un programme d'études peut être relié intentionnellement à son contexte local. Je présenterai un exemple de méthodologie pour accomplir cela.

Modèles de formation théologique

Il n'y a pas de modèle unique de formation théologique. Dès les premiers pas de l'Église primitive et jusqu'à nos jours, le type d'enseignement théologique

3. Eugene PETERSON, *Under the Unpredictable Plant: An Exploration in Vocational Holiness*, Grand Rapids, Eerdmans Publishing, 1994, p. 128. Il existe une édition française de ce livre : *Dans le ventre du poisson : où l'on apprend la sainteté de sa vocation*, trad. Antoine Doriath, Québec, Éditions La Clairière, 2006.

dispensé a été basé sur (1) les besoins de l'Église dans un contexte particulier et (2) l'influence de la culture locale.

Il existe trois modèles couramment acceptés d'enseignement théologique. À l'origine, cette réflexion a été élaborée par David Kelsey de la Faculté de théologie de Yale, au moyen d'une approche bipolaire de la formation, *classique* ou *professionnelle*, reflétant « les deux types normatifs de la formation théologique[4] ». Robert Banks proposa d'y ajouter l'approche *missionnelle*[5].

Le modèle classique, parfois appelé « Athènes », définit la formation théologique comme le développement chrétien du caractère moral ou *paideia* (παιδεία). Dérivé de la méthode éducative philosophique grecque classique, ce terme se réfère au sens propre à l'éducation d'un enfant ; c'est un processus de croissance des qualités morales. Il s'agissait d'un système de formation culturelle pour les enfants plus âgés qui comprenait la rhétorique, la grammaire, les mathématiques, la musique, la philosophie, l'histoire naturelle et la gymnastique, soit toutes les disciplines considérées comme nobles dans la culture grecque ancienne. L'objectif était de former des personnes qui deviendraient des citoyens accomplis et cultivés[6]. La *paideia* part non pas de l'individu et son potentiel mais de la notion de personne idéale. L'éducation avait pour but de former les êtres humains pour en faire des personnes idéales, représentant la nature humaine dans sa forme véritable. Philosophes, artistes, sculpteurs, pédagogues et poètes tiraient leur inspiration de cet idéalisme. Le but d'une formation suivant le modèle classique était la transformation de l'individu.

L'Église primitive a adopté puis adapté ce modèle. Certains Pères de l'Église considéraient la foi chrétienne comme une forme de *paideia*, au sens où le caractère moral d'une personne devait être éduqué afin que celle-ci grandisse dans sa foi. La *paideia* (la formation des qualités morales et de la vision du monde) constituait le moyen d'y parvenir. La *paideia* a également influencé Basile de Césarée dans l'élaboration des règles monastiques[7]. Son objectif était de permettre aux individus de développer une vision holistique pour comprendre

---

4. David H. KELSEY, *Between Athens and Berlin: The Theological Debate*, Grand Rapids, Eerdmans, 1993, p. 27.
5. Robert BANKS, *Reenvisioning Theological Education*, Grand Rapids, Eerdmans, 1999.
6. Richard TARNAS, *The Passion of the Western Mind: Understanding the Ideas that Have Shaped Our World View*, New York, Harmony Books, 1993, p. 29-30.
7. Werner JAEGER, *Le christianisme ancien et la paideia grecque*, Metz, Faculté des Lettres et Sciences Humaines, 1980. La règle de saint Basile est devenue le modèle du monachisme oriental à partir du ve siècle. Elle a influencé le développement des ordres établis par saint Benoît de Nursie, saint Dominique et Saint François d'Assise.

et saisir la totalité de la vie, y compris du monde. Il importait plus de connaître Dieu que d'avoir seulement des connaissances sur lui.

Brian Edgar, de la Faculté de théologie d'Asbury, écrit : « Il ne s'agit pas tant de *théologie*, l'étude formelle de la *connaissance* de Dieu, que de ce que Kelsey appelle *theologia*, c'est-à-dire l'acquisition de la sagesse de Dieu[8]. » L'accent était mis sur la sainteté et la transformation de la personne. Celles-ci sont centrales dans ce modèle comme l'affirme Edgar.

Le *modèle professionnel*, dit « de Berlin », plonge ses racines dans les Lumières et considère la formation théologique comme la préparation à une vocation professionnelle chrétienne. De ce fait, elle doit se situer dans le contexte d'une université comme toute discipline académique. Le terme allemand *Wissenschaft* signifie étude ou science qui requiert une recherche systématique. La *Wissenschaft* des facultés de théologie tire son origine du travail pionnier de Friedrich Schleiermacher (1768-1837) à l'Université Humboldt de Berlin. L'objectif n'était plus la formation morale et personnelle des individus grâce à l'étude de textes faisant autorité, mais, plutôt, la formation d'étudiants à la recherche rigoureuse afin de leur permettre de mettre en pratique les enseignements théoriques reçus.

Schleiermacher avait pour tâche de concevoir un programme d'études qui formerait professionnellement des ministres au service de l'Église d'État allemande, dans un contexte de défense du statut de la théologie comme branche universitaire. Il s'appuya sur la structure à quatre piliers du programme d'études théologique traditionnel, issu de la Réforme, utilisé pour former pasteurs et enseignants. Celui-ci comprenait les études du texte biblique, l'histoire de l'Église, la dogmatique (plus volontiers appelée théologie systématique dans le monde anglo-saxon) et la théologie pratique. Il adapta ce schéma à un environnement universitaire moderne. Si la philosophie et l'histoire s'inséraient bien dans les cursus universitaires le défi consistait à y justifier la place de la théologie pratique. Pour les opposants, celle-ci, comme toute autre compétence professionnelle, technique ou artistique, pouvait s'acquérir dans un établissement d'enseignement professionnel telle qu'une école biblique et non dans une université scientifique. Selon Schleiermacher, l'université avait pour mandat de former les pasteurs ; et leur formation n'était pas différente de celle des médecins et juristes. Dans chacune de ces trois disciplines, il existait une progression allant de la théorie à la

8. Brian Edgar, « The Theology of Theological Education » *Evangelical Review of Theology* 29, no. 3, 2005, p. 210.

pratique professionnelle[9]. L'adoption de ce modèle d'étude se faisait au détriment de la *paideia* et de la formation personnelle, morale et spirituelle.

Le modèle de Schleiermacher reste celui qui est utilisé dans la plupart des institutions d'enseignement théologique de nos jours, même si le contenu précis des quatre domaines d'étude a peut-être changé. Il est entendu que des connaissances et des compétences sont requises pour un ministère pastoral. Malheureusement on fait peu de liens entre l'étude de la Bible et de la théologie d'une part, et la pratique concrète du ministère d'autre part. L'accent porte autant sur la formation du caractère moral et la vision du monde, que sur les études « professionnelles » requises pour être pasteur ou exercer un ministère chrétien quelconque, même si la théorie et la connaissance restent privilégiées.

Le dernier modèle couramment accepté, le *modèle missionnel* développé par Robert Banks, est dit « de Jérusalem ». Selon ce modèle, la mission englobe tous les aspects de la vie : famille, amitiés, travail et voisinage. Selon lui, il ne s'agit pas seulement d'une orientation vers la mission, mais d'« une formation entreprise en vue de ce que Dieu fait dans le monde, dans une perspective globale[10] ». Par conséquent, la formation théologique est comprise comme partie intégrante de la mission. L'objectif est de participer à la *missio Dei* – la mission de Dieu. Ce modèle permet de lier action et réflexion. Pour Banks, la meilleure formation théologique et spirituelle se déroule partiellement sur le terrain, encourageant les étudiants à mettre en pratique ce qu'ils étudient, englobant tous les aspects de la vie, et abordant le sujet des occasions de mission.

La réflexion sur ces trois modèles a permis d'accroître leur nombre. Brian Edgar y ajoute une quatrième catégorie : le *modèle confessionnel*, dit « de Genève ». Ici, l'objectif est de connaître Dieu au moyen de la grâce et des traditions d'une communauté ecclésiale particulière, et plus précisément par sa confession de foi. Ceci implique « la formation [...] au moyen de l'*in-formation* sur la tradition et l'intégration de celle-ci[11] » par le biais de l'enseignement sur les fondateurs, les héros, les luttes, les points forts et les traditions qui sont à la fois distinctives et formatrices pour cette communauté. Comme exemples de ce modèle, l'on peut citer les facultés de théologie affiliées à des unions d'églises et les institutions de formation de missions particulières.

9. Friedrich SCHLEIERMACHER et Terrence TICE, *Brief Outline of Theology as a Field of Study: Revised Translation of the 1811 and 1830 Editions,* 3e éd., Louisville, Westminster John Knox Press, 2011, p. 137.

10. BANKS, *Reenvisioning Theological Education*, p. 142.

11. EDGAR, « The Theology », p. 213.

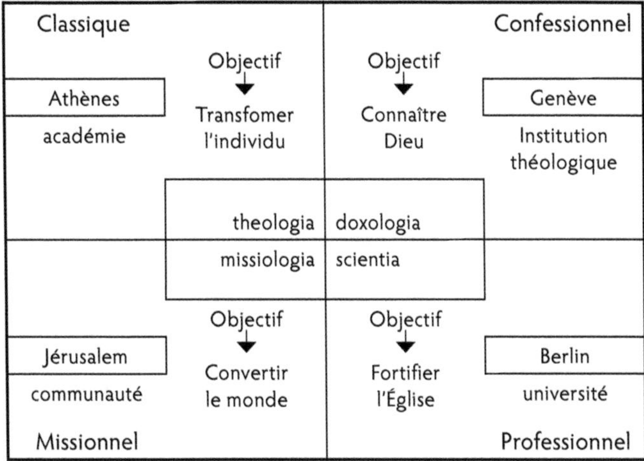

Figure 1 : Quatre modèles de formation théologique[12]

Darren Cronshaw, chercheur en missiologie à l'Union baptiste de Victoria en Australie, ajoute deux modèles supplémentaires. Le premier est le *modèle contextuel*, dit d'Auburn[13]. Selon lui, la théologie et la mission doivent s'exprimer dans des contextes précis, tel le voisinage du quartier d'Auburn[14]. Selon le modèle contextuel, la formation théologique s'attache donc à comprendre l'environnement local et à apprendre à bâtir une communauté d'apprentissage (la *koinonia*). Cette communauté vit l'Évangile et, ce faisant, les frontières s'effacent. Ensemble, ceux qui en font partie expérimentent et manifestent l'amour de Dieu afin que d'autres puissent y prendre part et, un jour, croient[15].

Le second modèle ajouté par Cronshaw est le *modèle spirituel*, dit « de New Delhi ». Il s'adresse à un monde multiculturel et pluraliste. D'après Cronshaw,

> Le contexte de New Delhi pour une spiritualité missionnelle est celui de l'ashram[16]. Tandis que l'équilibre du pouvoir mondial

12. Figure adaptée de Edgar, « The Theology », p. 213.
13. Darrell Cronshaw, « Reenvisioning Theological Education », p. 9-27.
14. John Franke, *The Character of Theology: An Introduction to Its Nature, Task, and Purpose*, Grand Rapids, Baker Academic, 2005, p. 90.
15. Stuart Murray, *Church After Christendom*, Bletchley, Paternoster, 2005.
16. Un ashram est un ermitage ou monastère. Un ashram chrétien est un lieu de retraite centré sur le Christ et où la personne qui y séjourne a l'occasion de creuser les questions de la foi et de la vie chrétiennes.

> et de l'influence chrétienne se déplace vers le Sud, Kraig Klaudt suggère avec finesse que certains ashrams indiens possèdent des caractéristiques utiles que les institutions théologiques pourraient adopter. Ils sont situés « dans le monde » ; sont ouverts à tous ; proposent une vie communautaire engagée dans le service ; mettent l'accent sur la simplicité de vie et la maturité spirituelle plutôt que la production intellectuelle ; offrent un programme d'études holistique de développement intellectuel, spirituel, politique, esthétique, et relationnel ; organisent le temps et l'espace pour que la spiritualité et la conscience de soi trouvent leur place. La formation théologique et la spiritualité missionnelle de New Delhi me rappellent l'importance qu'il y a à dialoguer avec les visions du monde de mes voisins, et les accueillir dans le modèle alternatif de l'ashram[17].

Chacun de ces modèles conçoit son rôle dans la formation théologique différemment et de ce fait, définit l'impact différemment. Certes, chacun présente une grande valeur, et certaines de leurs composantes peuvent se transposer dans diverses cultures et contextes. Il n'en demeure pas moins que chacun de ces six modèles d'enseignement théologique répond à des besoins spécifiques de l'Église et de la société.

Ces six modèles mettent également en évidence la variété de la formation théologique qui est disponible aujourd'hui. Il y a une formation théologique pour les laïcs, une formation en théologie ministérielle, en théologie professionnelle et en théologie universitaire. Chaque formation nécessite un programme d'études différent et a des objectifs différents. Les institutions théologiques doivent préciser ce qu'elles espèrent accomplir car cela déterminera le modèle de formation théologique qu'elles doivent adopter.

17. CRONSHAW, « Reenvisioning Theological Education », p. 12.

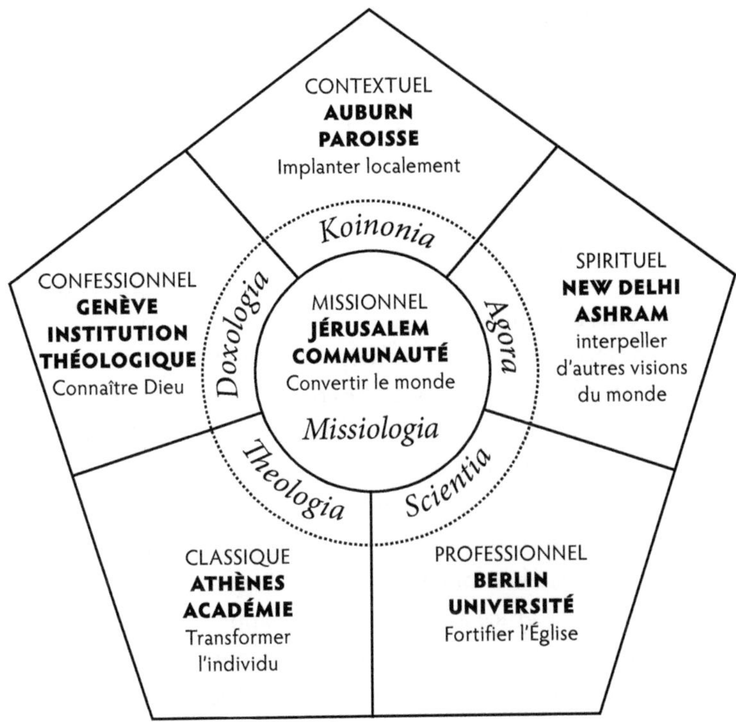

Figure 2 : Six modèles de formation théologique et de spiritualité missionnelle[18]

Relier le programme d'études au contexte

Nous venons de voir que différents modèles de formation théologique sont nés des besoins spécifiques de l'Église en fonction de l'époque historique ou du lieu. Comment une institution théologique d'aujourd'hui fait le lien avec son contexte ? Comment associer le cursus au contexte pour que les diplômés soient performants ?

L'éducation a un objectif. Ainsi, une institution théologique n'existe pas pour produire des diplômés, mais pour répondre aux besoins des églises, des missions et des organisations chrétiennes. Elle le fait à travers ses diplômés. La performance d'une institution théologique est donc évaluée non par le nombre et la qualité des diplômés, mais par leur capacité à répondre aux besoins des églises,

18. Figure adaptée de Darren Cronshaw, « Reenvisioning Theological Education and Missional Spirituality », *Journal of Adult Theological Education* 9, no. 1, 2012, p. 13.

des agences missionnaires et des communautés dans lesquelles ils travaillent. Son programme d'études est-il pertinent par rapport aux contextes des diplômés ?

Ce principe de « l'éducation ayant un objectif » est illustré par ce que l'on appelle une logique de programme. Cela signifie qu'une activité produit un résultat. Il y a une relation de cause à effet. Dans le contexte de la formation, cela signifie que l'enseignement aboutit à l'apprentissage. Nous évaluons donc si l'apprentissage a eu lieu au moyen d'examens, de documents de recherche et de réflexion, d'études de cas, de simulations, de pratiques sur le terrain et de divers autres outils d'évaluation.

Il y a une différence entre une activité de formation et le résultat de cette activité. L'objectif n'est pas de rapporter combien de personnes ont assisté à l'activité de formation mais plutôt ce qui a changé à la suite de l'activité. Je pense que la plupart des institutions le comprennent bien et sont capables d'évaluer si l'apprentissage a bien eu lieu.

Cependant, l'évaluation de l'activité de formation ne se limite pas à déterminer si l'apprentissage a eu lieu. Il faut aussi se poser la question suivante : Qu'est-ce que le diplômé a réalisé grâce à ce qu'il ou elle a appris ?

Les institutions théologiques, comme toute autre institution éducative, existent au sein d'un contexte. Il y a deux modèles de théorie organisationnelle. Le premier consiste en une théorie des systèmes d'organisations. Une organisation a une structure, des rôles clairement définis, des processus, et des procédures, un produit (dans ce cas, un programme d'études), etc. L'organisation est d'autant plus efficace quand ces éléments sont clairement définis. La qualité de l'institution est donc mesurée par ses systèmes et ses procédures, et par les ressources dont elle dispose en termes de programme, de personnel, d'installations, de bibliothèque, etc. Vous entendrez souvent mentionner des termes comme ISO 9000. Une grande partie de notre accréditation est basée sur cette théorie des organisations. Bien que le contexte soit parfois reconnu, une théorie des systèmes d'organisations est principalement centrée sur le fonctionnement interne de l'institution.

D'autres voient l'institution comme un organisme vivant. Une organisation est un système ouvert. Elle a certes une structure, mais elle survit et peut prospérer si elle est capable de s'adapter aux changements de son contexte et de son environnement. L'approche des systèmes ouverts exige que la structure organisationnelle, les systèmes et les procédures soient flexibles et adaptables. Ces organisations sont sensibles au contexte et sont axées sur l'extérieur.

Les deux compréhensions des organisations sont nécessaires pour la qualité et l'efficacité d'une institution théologique. Il faut se concentrer à la fois sur l'interne et sur l'externe.

En rassemblant ces idées, nous obtenons ce que l'on appelle une logique de programme pour une institution théologique.

Une chaîne logique

ACTIVITÉ Action/ formation/ etc.	→	**PRODUIT** Changement résultant de l'activité **(niveau individuel)**	→	**RÉSULTAT** Changement résultant du produit **(niveau communautaire)**	→	**IMPACT** Modification sociale à long terme **(contexte de la société au sens large)**

Figure 3 : Modèle logique d'un programme d'études

Une *Activité* – une formation dispensée par l'institution – entraîne une transformation de la personne. Ces changements sont appelés le *Produit.*

Cette personne transformée – le diplômé – est alors capable de servir efficacement dans une église, une mission ou une organisation chrétienne. L'efficacité du diplômé et les changements qui se produisent en conséquence dans l'église ou la mission sont appelés le *Résultat.* Notez que ce terme implique quelque chose d'autre que les résultats éducatifs auxquels nous nous référons souvent.

Enfin, l'église locale a une influence sur la communauté environnante, et c'est ce qu'on appelle l'*impact.*

Il y a une relation de cause à effet entre l'activité et l'impact. Beaucoup d'autres facteurs qui peuvent affecter et perturber le processus de cause à effet doivent être pris en compte. Ces facteurs externes et internes sont reconnus comme risques et sont identifiés et traités si cela est possible et quand cela le devient.

Cela implique un certain nombre de choses :

a) L'institution doit mettre l'accent sur le *Résultat* et non sur le *Produit.* La personne diplômée et sa formation ne sont qu'un moyen pour atteindre une fin.
b) L'efficience de l'institution théologique est mesurée par la performance de ses diplômés dans les contextes où ils exercent leur ministère.
c) Cela signifie que le contexte des diplômés doit être pris en compte et, par conséquent, doit influencer le programme de l'institution théologique.

Dans ce cas, comment relier le contexte des diplômés au programme d'études de l'institution théologique ?

Pour bien relier le programme d'études et le contexte, deux facteurs sont critiques. Tout d'abord, des systèmes administratifs doivent être mis en place pour recueillir les appréciations des étudiants et des enseignants. Ensuite, ces systèmes doivent être facilement utilisables pour permettre des résolutions en fonction de ces retours.

a) *Le système de retours.* Une institution de formation doit se doter d'un système de retours pour évaluer l'évolution des programmes de formation et pour s'assurer que l'institution fonctionne bien. Les examens, par exemple, permettent d'apprécier les progrès des étudiants. Un rapport mensuel donne un aperçu de la situation financière de l'établissement. De même, il est nécessaire d'élaborer des mécanismes aux niveaux de l'activité, du produit et du résultat pour recueillir l'information et fournir des retours sur les améliorations et changements en cours.
b) *La prise de décision.* Les bonnes décisions se prennent en fonction des informations et retours provenant des différents secteurs de l'institution. Il n'est pas rare que l'évaluation d'un programme de formation soit tout simplement classée sans suite. Tous les avis et informations recueillis doivent être clairement communiqués aux responsables de l'établissement pour qu'ils les évaluent et agissent en conséquence.

Un système de retours pourrait ressembler à ce qui suit :

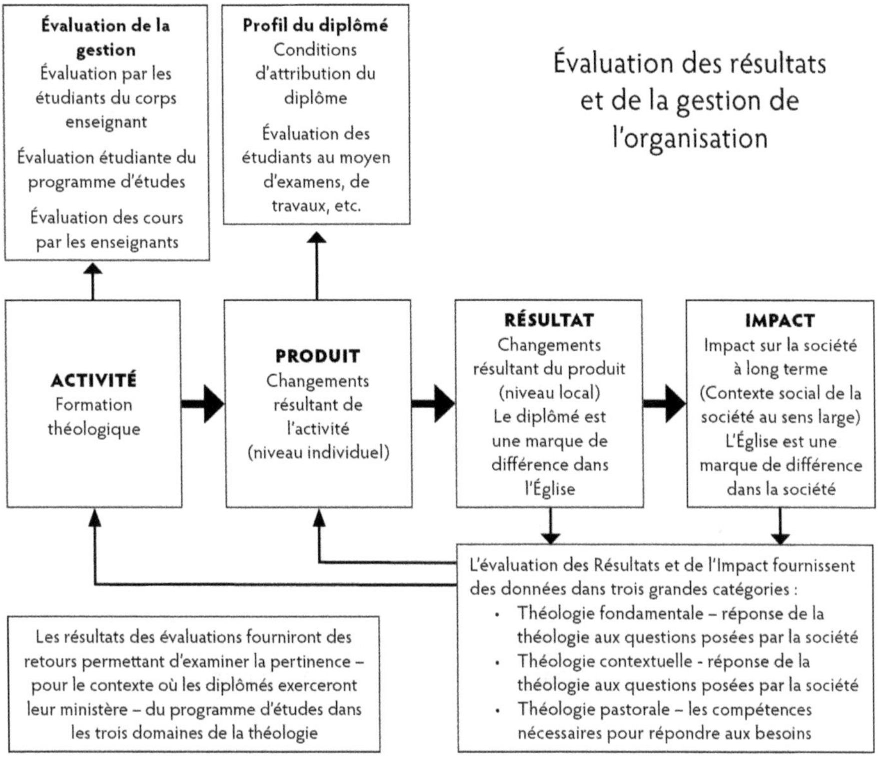

Figure 4 : Évaluations organisationnelles et modèle de retours

Quelques points clés concernant la figure 4 :

- Une fois chaque activité/cours terminé, son efficacité doit être évaluée. S'il est important que les professeurs apprécient la réussite de leurs cours, il est tout aussi significatif de recueillir les avis des étudiants sur leur bien-fondé et la pédagogie adoptée : clarté et compréhension, pertinence pour le contexte du ministère.
- L'objectif principal d'une faculté de théologie est de former des responsables. Ils constitueront son « produit ». Ceci est assez facile à évaluer. La plupart des institutions théologiques ont déjà établi des « profils du diplômé » ou fixé des « exigences pour l'obtention du diplôme », pour chaque cursus proposé. Tout au long de leurs études, les étudiants sont évalués pour déterminer s'ils atteignent ces exigences : contrôles, examens, travaux, projets, études de cas,

etc. Ce sont les progrès dans les connaissances, compétences et comportement de l'étudiant qui sont évaluées.

- Il ne faudrait jamais limiter le mandat d'une institution théologique à équiper les responsables car ceux-ci doivent servir les Églises et sociétés missionnaires engagées à suivre l'ordre de Matthieu 28.19-20 et le plus grand commandement énoncé par Jésus en Matthieu 22.37-38. Cela se mesure en recherchant si les Églises et les organisations missionnaires sont effectivement servies par les diplômés. Pour pouvoir le déterminer, l'évaluation doit être conduite en étroite collaboration avec elles.
- En ce qui concerne le résultat, des études périodiques des contextes de ministère des diplômés (églises et/ou communautés) fourniraient une foule d'informations pour revoir le programme d'études ou certains de ses éléments. Les retours émanant des diplômés, de l'Église, des principaux responsables chrétiens et de la population environnante, permettront de reprendre les trois aspects de la formation théologique :
    a) *Les vérités théologiques fondamentales.* Celles-ci comprennent les confessions de foi, la théologie systématique ou biblique et l'histoire de la théologie. Si l'étude des concepts théologiques est importante dans toute formation théologique, certaines notions spécifiques s'avèrent problématiques dans un contexte précis (Jésus comme Fils de Dieu en terre d'islam, Dieu unique dans un contexte hindou). Les étudiants doivent non seulement les connaître, mais aussi savoir comment les aborder.
    b) *La théologie contextuelle.* Comment Dieu est-il perçu dans une culture ou un contexte particuliers ? Il est crucial que l'éthique chrétienne soit étudiée en fonction des différents contextes. Quel est l'enseignement biblique sur la pauvreté et la justice sociale, le genre, la race, le trafic d'êtres humains, l'immigration, l'excision, etc. ? Quelles questions sociales et morales précises, issues d'un contexte particulier, doivent être abordées selon une perspective chrétienne ? Quelle forme prend l'adoration de Dieu dans une culture et un contexte précis ?
    c) *La théologie pastorale.* Les individus et les familles rencontrent-ils des difficultés spécifiques qu'un diplômé saurait traiter ? Comme exemples, on peut citer l'éducation des enfants, les relations conjugales, le divorce, la belle-famille dans le contexte de la

famille élargie, l'orientation sexuelle, le choix du conjoint, etc. Les questions pastorales peuvent aussi inclure des problèmes auxquels font face les nouveaux convertis comme la persécution, le baptême, le rejet par la famille et la société, la polygamie, etc.

Ainsi, ces systèmes de retours relient le programme d'études au contexte de l'institution théologique et à celui des diplômés. Relier le programme d'études au contexte augmente la probabilité que les diplômés soient performants dans les églises et les missions où ils exercent leur ministère.

Une logique de programme – comme celle qui consiste à passer de l'activité de formation théologique, vers la phase où l'on s'assure que le rendement est conforme au profil des diplômés, afin de garantir ainsi le résultat, à savoir l'efficacité des diplômés dans leurs contextes ministériels – est le modèle qui enclenche l'impact éventuel de l'enseignement théologique.

Conclusion

Pour conclure : Si tout ministère, comme le dit Eugene Peterson, est géographique – c'est-à-dire géographiquement situé dans une réalité culturelle, politique et historique spécifique – les institutions théologiques comprennent-elles les réalités et les contextes des diplômés et les préparent-elles en conséquence ? Affichent-elles la volonté délibérée d'adapter leurs programmes d'études à ces contextes ?

Les idées présentées ici sont, à plusieurs titres, assez évidentes. L'écrivain et philosophe américain Walker Percy, décrivant son art, affirme : « … Vous êtes en train de dire au lecteur, à l'auditeur ou au spectateur quelque chose qu'il sait déjà sans qu'il s'en rende vraiment compte, de telle sorte qu'il éprouve la sensation de reconnaître quelque chose, une impression de déjà-vu, une prise de conscience[19]. » Je prie qu'il y ait eu pour vous des impressions de déjà-vu.

Pour finir, j'aimerais revenir à la vie de Polycarpe. Nous avons beaucoup parlé de l'efficacité des diplômés dans les contextes où ils exercent leur ministère. Dans la vie de Polycarpe, il y a une autre qualité que l'apôtre Jean s'est assuré de transmettre à son disciple : celle de la fidélité, au sein du contexte.

Polycarpe fût efficace pour sauvegarder la foi en contrant les hérésies de Marcion, mais lorsqu'il fut confronté à la théologie de l'Empire romain et à son culte de César, il n'avait d'autre moyen pour les contrer que de rester fidèle. Polycarpe fut martyrisé parce qu'il refusait de proclamer que César était le seigneur. Alors qu'il affrontait l'exécution par le feu, il déclara : « Il y a 86 ans que je sers le Christ, et il ne m'a fait aucun mal ; comment pourrais-je blasphémer contre mon Roi qui m'a sauvé ? ».

Efficacité et fidélité : deux indicateurs qui montrent que le programme d'études est adapté au contexte.

Questions pour la discussion

1. « Quel est le but de notre institution/organisation et de ses programmes d'études ? » Comment répondriez-vous à cette question ? Décrivez un ou deux moyens qui pourraient aider votre institution/organisation à développer une meilleure compréhension commune de son but.
2. Une formation de qualité favorise les processus continus d'évaluation de la gestion par des moyens tels que l'appréciation des cours et des enseignants par les étudiants, les évaluations de l'organisation et de l'administration par le corps professoral et l'évaluation du corps professoral par le Président ou le Doyen de l'université. Décrivez quelques-unes des procédures appliquées dans votre institution/organisation. Suggérez au moins une façon d'améliorer ou de renforcer ces processus.
3. Opérer un impact significatif sur la société à travers le ministère de l'Église est un but missionnel que la formation théologique se donne comme objectif final. Les retours des partenaires sur les réussites et les défis de l'impact sociétal deviennent dès lors un moyen essentiel pour orienter le programme d'études.

---

19. Walker PERCY, dans *Conversations with Walker Percy*, sous dir. Peggy Whitman PRENSHAW, Jackson, University of Mississippi Press, 1985, p. 24.

- De quelle manière votre institution/organisation sollicite-t-elle les retours des anciens élèves (le produit) et des églises qu'ils servent (le résultat) ? Dans quelle mesure l'attention est-elle principalement tournée vers le passé (l'évaluation du programme tel qu'il était) ou vers l'avenir (les tendances sociétales actuelles et leurs défis, ainsi que leurs implications pour la forme future du programme) ?
- De nombreux obstacles potentiels entravent l'obtention de retours de la part des dirigeants de la communauté (l'impact), en particulier lorsque ceux-ci n'ont que peu ou pas de sympathie pour les églises locales. Proposez une ou deux stratégies permettant à votre institution/organisation d'accéder aux observations et aux idées des leaders de la communauté et d'en tirer profit.
- La dernière étape de l'interaction entre le cursus et le contexte est de permettre aux retours d'informer sur les changements de cursus souhaitables. Quels sont (le cas échéant) les processus par lesquels votre institution/organisation institue un changement significatif du programme d'études en fonction des parties prenantes ? Donnez une ou deux suggestions sur la façon dont ce processus pourrait être amélioré.

4

Mon parcours dans l'évaluation du cursus

Ashish Chrispal
Directeur régional pour l'Asie, Overseas Council, Inde

Évaluer les étudiants pour mesurer leurs progrès n'est pas chose nouvelle pour l'Asie. L'examen fait partie intégrante de la culture éducative asiatique. Je me souviens encore quand mon enfant de moins de trois ans devait, pour son admission en maternelle, se présenter à un entretien avec trois enseignants dans trois salles différentes. Chaque enfant devait réciter une comptine et écrire les lettres de l'alphabet et les nombres de un à cent selon les directives de l'enseignant. Dès l'entrée de mon fils en école primaire, la vie scolaire fut rythmée par un questionnaire quotidien, une interrogation hebdomadaire, une interrogation mensuelle et une autre trimestrielle, un examen de milieu d'année et enfin l'examen de fin d'année. Bien que le gouvernement indien ait interdit les examens d'entrée pour les enfants, la culture de l'examen continue d'être pratiquée pour évaluer l'apprentissage tout au long du parcours scolaire. Je pense que cela crée dans le monde éducatif une attitude négative envers l'évaluation.

J'ai travaillé dans la formation théologique au cours des quarante-cinq dernières années, d'abord en tant qu'étudiant, mais principalement en tant qu'organisateur de conférences. J'ai l'habitude de voir les écoles de théologie faire la publicité de leurs réalisations en termes de nombre de diplômés qui vont dans le ministère pastoral, qui servent comme missionnaires ou qui s'impliquent dans quelque service chrétien. Je me suis rendu compte que ces données informent juste sur le produit, mais ne nous disent jamais dans quelle mesure nous accomplissons réellement notre mission et notre vision. En d'autres termes, sommes-nous vraiment en train d'accomplir ce que nous affirmons ?

Mon cheminement vers l'évaluation de la formation a commencé au cours de mes sept années de travail dans une école de théologie internationale. J'ai pris conscience de la nécessité d'une évaluation de notre mission institutionnelle théologique, de sa vision et de ses objectifs lorsque je fus invité par l'Overseas Council d'Australie et l'ABTS à participer à un projet d'évaluation de 2012. Ce fut pour moi une grande joie de comprendre comment l'évaluation de nos institutions pouvait nous aider à être fidèles, au sens véritable de notre vocation telle que décrite par Paul dans Éphésiens 4.7-16. Sommes-nous en train d'édifier le corps de Christ pour qu'il grandisse en maturité spirituelle, ce qui englobe notre privilège d'être des disciples et des faiseurs de disciples des nations ? Sommes-nous des acteurs de transformation, aidant nos diplômés à être transformés et à devenir eux-mêmes des agents de transformation dans la société ? Je veux partager ici, dans ce court chapitre, quelques-uns des principaux résultats de mon apprentissage, lors de ma collaboration à l'évaluation des programmes d'études de trois écoles. Le but ultime de ces lignes est de repenser nos programmes à la lumière de nos recherches sur le processus d'évaluation.

Cinq domaines clés de l'impact de l'évaluation pour l'institution

Tout d'abord, l'évaluation est nécessaire pour apporter une transformation dans notre identité et dans ce que nous avons l'intention d'accomplir. Cependant, au-delà de nos produits et de nos résultats institutionnels, il y a le vaste domaine d'impact dans la société. La question qui se pose souvent, en particulier pour nous formateurs théologiques, est la suivante : dans quelle mesure nos diplômés ont-ils un impact sur l'Église et, à travers celle-ci, sur la communauté environnante et la société en général ?

L'évaluation m'a également aidé à comprendre l'impact qu'elle pouvait avoir sur nos programmes implicites et explicites. Elle conduit également à créer une « culture d'évaluation » qui, à son tour, nous aide à repenser régulièrement notre programme et à améliorer notre déclaration de mission et notre vision à mesure que les nouvelles générations continuent à changer.

De plus, le processus d'évaluation améliore nos efforts dans le développement holistique des étudiants, c'est-à-dire au-delà de la connaissance intellectuelle et de la simple croissance cérébrale. L'implication de la tête, du cœur et des mains dans le ministère devient vitale dès lors que nous impliquons nos diplômés dans l'évaluation et les écoutons exprimer leurs besoins afin d'être effectifs dans leur ministère pour le monde.

Ensuite, l'évaluation fournit des possibilités de recherche inégalées pour découvrir comment les adultes apprennent et, en particulier, comment ils apprennent les valeurs et les perspectives de la matière étudiée, et quelle est la nature des informations dont ils ont besoin pour développer ces compétences. Elle nous amène plus loin dans notre compréhension de la façon dont ils développent les habitudes intellectuelles essentielles à nos domaines respectifs.

Enfin, l'évaluation nous permet de donner du sens aux processus d'évaluation plus vastes des programmes et des institutions. En effet, de nombreuses institutions éducatives théologiques veulent être « dans le vent », soit en se conformant aux exigences des agences d'accréditation, soit en justifiant leurs programmes à travers le processus d'évaluation. D'autres sont tentées de faire obstacle à l'évaluation par crainte de son impact négatif sur l'image de l'institution. D'autres encore veulent miner le processus d'évaluation en le déplorant comme une imitation du monde laïque de la gestion d'entreprises, sapant ainsi l'intérêt qu'il représente. En réalité, nous évaluons continuellement nos étudiants pour le bien de leur apprentissage. Dans le même esprit, l'évaluation de l'institution profite à notre propre effort d'édification du corps du Christ.

Ce que j'ai appris m'a rappelé que l'objectif de la formation théologique est d'ordre missionnel, et qu'elle doit donc s'enraciner dans la Parole de Dieu et s'engager pleinement dans le monde que Dieu a créé. Ceci à son tour encouragera nos anciens élèves et l'Église que nous servons, à être les acteurs de la mission de Dieu. L'évaluation nous met au défi de faire face à la réalité des objectifs atteints à travers nos diplômés et la finalité pour laquelle nous existons.

Sept qualités essentielles de l'évaluation

Il est essentiel de considérer l'évaluation comme un moyen et non comme une fin en soi. L'évaluation du programme ou de l'institution ne sert pas seulement à recueillir des données. Nos objectifs et valeurs doivent être redéfinis par les informations/données que nous recueillons.

L'évaluation doit également nous aider à gagner en expérience éducative tout en cernant mieux nos responsabilités dans ce processus. Nous devons permettre au processus et à la culture d'évaluation d'améliorer l'apprentissage de nos étudiants, et d'accroître notre propre connaissance de ces processus.

Notre contexte doit guider nos buts, objectifs et méthodes d'évaluation. Nous devons rechercher le type d'information qui produira une différence dans notre effort. Cela nous aide également à reconnaître que la formation théologique dispose à la fois des éléments universels essentiels et des dimensions contextuelles requises pour fournir une formation pertinente.

De plus, une évaluation fructueuse encourage la comparaison des divers programmes. La multiplicité des résultats aide à forger l'originalité de l'institution. Aujourd'hui, dans de nombreuses nations asiatiques, la formation théologique est devenue un *business* et la plupart des programmes sont des copiés-collés. Le processus d'évaluation aide à apporter à chaque institution une dimension unique qui, par le biais de ses anciens élèves, transforme ses communautés et sa nation.

L'évaluation améliore également la cohérence de nos programmes. Puisque le processus d'évaluation s'appuie sur plusieurs modes de recherche, il nous aide à réexaminer nos objectifs éducatifs explicites et implicites ainsi que les résultats obtenus par nos étudiants.

Ensuite, pour une évaluation réussie, nous avons besoin que les informations ou commentaires collectés soient communiqués de façon critique et sincère. La vision asiatique du monde souffre d'un contexte culturel dans lequel il est difficile d'obtenir des commentaires honnêtes sur les enseignants, la direction et la gouvernance de l'établissement de la part des diplômés. Il n'en demeure pas moins que l'évaluation nécessite des retours honnêtes et francs, si l'on souhaite qu'elle ait une influence positive sur l'avenir de l'institution et de son programme.

Enfin, l'évaluation donne de meilleurs résultats lorsqu'elle est réalisée dans l'esprit de transformation. Cependant, elle peut être préjudiciable si elle est entreprise à la simple fin de prouver la conformité de l'institution à des normes ou de justifier son existence.

Créer une culture d'évaluation

Les institutions théologiques sont appelées par Dieu à avoir un impact durable sur la vie des personnes. Il nous faut alors nous engager à long terme dans un plan dynamique pour notre institution, et donc nous engager envers une culture d'évaluation qui soit transformatrice. Cela nous offrira de la stabilité, de la pertinence et des outils pour faire face à la complexité de notre planification stratégique. Et cela nous aidera à créer un environnement propice pour œuvrer au but ultime.

Nous devons nous fier aux questions du corps professoral pour nous orienter. Celui-ci doit adhérer au processus car les résultats de l'évaluation aident les professeurs à mieux planifier et mieux travailler. Il doit y avoir une corrélation directe entre les sujets visés (objectifs) et la mission et vision de l'institution.

Les données d'évaluation fournissent un circuit direct permettant au corps enseignant de reconnaître l'objectif du programme et son rôle dans l'institution.

Les bons formateurs sont capables de discerner la validité et la pertinence des outils et de reconnaître les interprétations crédibles des résultats. Maintenir l'implication des enseignants dans le développement d'outils d'évaluation apporte de la crédibilité au processus. Ce dernier devient efficace grâce à l'interaction avec le corps professoral. La nature interactive de l'évaluation encourage la participation des anciens et des nouveaux élèves à l'évaluation du programme.

Il est fondamental de définir publiquement les critères et la comparaison. Rendre publics les critères d'évaluation élaborés par le corps professoral apporte un consensus sur les objectifs, les normes et les critères parmi les parties prenantes de l'école. Cela donne à l'institution une transparence qui est de rigueur, surtout dans le cas où le fossé entre l'Église et les institutions est profond.

Cela conduit à son tour à la nécessité de traduire les résultats en informations pertinentes et en temps réel. Bien souvent, les informations d'évaluation qui sont transmises soulèvent souvent plus de questions qu'elles n'apportent de réponses. Par conséquent, il est indispensable que les données recueillies soient rendues intelligibles. Le processus d'évaluation doit aider le corps enseignant à comprendre le processus d'apprentissage pour cerner les objectifs pédagogiques, les motivations des élèves et leur croissance personnelle, ainsi que leurs capacités et leurs styles d'apprentissage.

Enfin, les données recueillies doivent entraîner des changements. Elles doivent permettre aux institutions de passer du traitement des données à la prise de décision. Il nous faut travailler sur une rétroaction créative qui puisse stimuler l'amélioration de nos programmes. Le processus d'évaluation doit toucher le cœur même de notre existence et de notre programme pour nous aider à être plus performants dans notre vision et notre mission, qui consistent à habiliter le peuple de Dieu à être des témoins dans le monde et à obéir à la Grande Commission de Jésus-Christ.

En conclusion, permettez-moi de dire qu'en tant qu'institutions théologiques, obéissant au Seigneur et à son Église, nous avons la grande responsabilité de préparer des agents de transformation pour la mission de Dieu dans le monde. Le processus d'évaluation nous y aidera et renforcera notre ministère pour le rendre fécond et influent lorsque nous communiquons avec des personnes à différents niveaux, à l'intérieur comme à l'extérieur de l'Église.

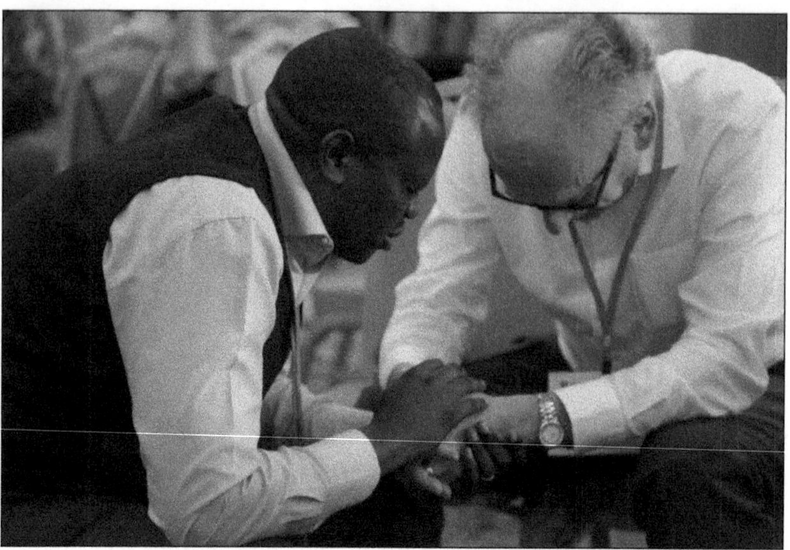

Questions pour la discussion

1. Selon vous, que veut dire l'auteur lorsqu'il parle de créer une « culture d'évaluation qui influence à la fois les programmes implicites et explicites » ? Décrivez une ou deux mesures que votre institution pourrait prendre pour mieux promouvoir une culture d'évaluation.
2. La plupart des institutions éducatives mettent leur accent principal sur l'évaluation de l'acquisition de connaissances et de la croissance cérébrale. Pourtant, Ashish Chrispal considère que l'implication holistique « de la tête, du cœur et des mains » est cruciale pour une formation efficace au ministère. Comment vos processus d'évaluation actuels cherchent-ils à évaluer chacun de ces aspects : la tête (le cognitif), le cœur (l'affectif) et les mains (le comportemental) ? Suggérez une ou deux façons de mieux promouvoir et mettre en œuvre l'évaluation d'une manière holistique.
3. « Nous devons permettre au processus d'évaluation et à la culture d'améliorer les processus d'apprentissage de nos élèves, et d'accroître notre compréhension de ces processus. » Décrivez une ou deux façons dont une évaluation significative pourrait avoir une incidence non seulement sur la structure globale du programme d'études, mais aussi sur la qualité de l'enseignement en classe, avec pour résultat final un apprentissage holistique plus fort.

4. « Aujourd'hui, dans de nombreuses nations asiatiques, la formation théologique est devenue un business, et la plupart des programmes sont des copiés-collés ». Selon vous, dans quelle mesure cette description négative pourrait-elle s'appliquer à votre programme ? De quelle manière avez-vous cherché à innover afin que votre programme d'études serve mieux la mission de l'Église dans son contexte ?

5. Des changements significatifs dans le programme d'études ne peuvent être mis en œuvre qu'avec la pleine adhésion du corps professoral. Quelles sont les étapes clés par lesquelles votre institution/organisation pourrait promouvoir l'appropriation par les enseignants du processus d'évaluation et du changement de cursus qui en résulte ?

Section II

Sur le terrain

Témoignages d'institutions qui ont évalué leur contexte et changé leur programme d'études

Nous allons à présent passer des questions plus théoriques d'étude du contexte – ayant pour but de redéfinir nos programmes d'études – à des exemples pratiques sur la manière de le faire. Ces quatre études de cas ont été sélectionnées parmi celles présentées par les dix institutions présentes à la Triennale de l'ICETE en 2015.

Chacune de ces dix institutions s'était déjà « engagée dans cette voie » de diverses manières au cours de l'année ou des deux ans précédant leur sélection pour le travail intensif de 2014 et 2015. Néanmoins, toutes ces écoles ont trouvé qu'il y avait beaucoup de travail à faire pour atteindre les objectifs en moins de deux ans et être prêtes à présenter leur expérience à Antalya. Il leur a fallu définir l'envergure de ce qu'elles voulaient faire ; travailler avec leurs partenaires ; concevoir leur recherche et la conduire ; organiser des ateliers de programme d'études ; et décider quels changements apporter.

Comme vous le lirez, ces quatre institutions ont accompli la tâche jusqu'à un certain point. Aucune n'a été en mesure de réexaminer les changements à apporter après leur mise en œuvre. Cependant, ces changements sont fondés sur la recherche qu'elles ont effectuée, et cela fut un facteur essentiel de leur stratégie. Il ne s'agit pas ici de modifications de cursus dictées par la théorie, mais plutôt d'une théorie guidée par les résultats de leur recherche. Ce concept est fondamental car il permet une objectivité dans la prise de décision. Il met en évidence la nécessité de changer et donne son élan au processus de changement.

Vous remarquerez que les études de cas dans cette section aboutissent à des conclusions très différentes. Les changements auxquels chaque institution procède diffèrent d'un établissement à l'autre. Chacun conçoit ses nouveaux programmes dans des directions différentes. L'expérience indienne, par exemple, conduit à l'approfondissement des éléments non académiques de son programme. L'expérience sri-lankaise permet de comprendre les subtilités du comportement des membres du personnel et de « laisser certains employés partir » ! L'exemple colombien a contribué à la révision du programme d'études dans le but de mieux répondre au problème majeur des personnes déplacées et de leurs besoins dans le pays. Quant à l'expérience du Zimbabwe, elle a conduit à repenser complètement le curriculum pour aider les étudiants à passer d'une vision du monde typiquement africaine à une vision biblique, s'inscrivant toutefois dans le contexte africain.

Cette variété de changements est exactement ce qui s'avère nécessaire et que l'on doit espérer. Aucune institution n'a le même contexte ni ne reçoit le même appel de Dieu. Ainsi, chacune peut s'attendre à une différence de résultat par rapport aux autres, car chacune entreprend une recherche et détermine comment être sensible à des contextes et des vocations spécifiques.

Vous êtes à présent invités vous aussi à étudier votre contexte et les processus que vous pourriez explorer lors de votre propre quête pour un nouveau programme d'études plus pertinent, grâce aux questions que vous trouverez en fin de chapitre.

5

Une expérience colombienne

Faire de la recherche dans un contexte de déplacement de population

Jhohan Centeno
Professeur, Fundación Universitaria Seminario Bíblico de Colombia

L'Église évangélique en Colombie est une Église diverse qui œuvre dans des contextes sociaux différents et dans des réalités différentes. L'une des réalités auxquelles elle se confronte est le déplacement de populations. « Le déplacement forcé est sans aucun doute une expérience sociale et subjective très violente, et malheureusement il fait partie de la configuration historique de la mémoire des citoyens de Colombie[1] ». Au sein de cette dure réalité socio-politique, l'institution Fundación Universitaria Seminario Bíblico de Colombia (FUSBC) met en équation le développement de son travail de recherche avec les réalités de ce contexte, en tenant compte de facteurs institutionnels et ecclésiastiques. D'une part, il y a un besoin de contribuer à la construction du tissu social afin d'accomplir l'un des éléments de la mission institutionnelle. D'autre part, il est impératif d'offrir aux étudiants une meilleure compréhension des problèmes du pays, comme composante alternative de la formation au ministère et qui contribue à un travail ecclésiastique plus pertinent dans la réalité contextuelle

1. J. D. Demara, « Ciudad, migración y religión: Etnografía de los recursos identitarios y de la religiosidad de los desplazados en altos de Cazucá », *Theologica Xaveriana*, 2007, p. 304.

colombienne. Sachez, en outre, que les églises pentecôtistes jouent un rôle prépondérant dans le paysage ecclésiastique colombien.

Dans ce cadre, l'IDSRG, le groupe de recherche des étudiants du pentecôtisme dirigé par des instructeurs du FUSBC, a été créé pour étudier les réalités des églises d'origine pentecôtiste. En effet, depuis 2012, l'IDSRG fait des recherches sur l'Église pentecôtiste colombienne. Utilisant la recherche bibliographique et les études de terrain, le groupe a cherché à cerner les réalités de ce qu'on appelle le « phénomène pentecôtiste ». En 2014, l'IDSRG a enquêté sur les œuvres des pentecôtistes parmi la population ayant subi des déplacements forcés en raison de la violence qui sévissait dans le pays. Cette approche avait un double objectif : premièrement, accroître la visibilité de l'action sociale des églises pentecôtistes dans le pays ; et, deuxièmement, répondre aux affirmations universitaires selon lesquelles le pentecôtisme opère dans le déni de la réalité présente[2]. Ce plan d'intervention est édifié sur une base interconfessionnelle, qui inclut une participation pentecôtiste.

Entreprendre l'étude du phénomène pentecôtiste nécessitait une approche méthodologique ouverte et conforme aux modèles courants dans la sociologie et l'étude des groupes de population. Cela a commencé par une revue de la littérature sur le pentecôtisme en Colombie, suivie à son tour par l'étude de certaines approches du pentecôtisme chilien, qui, pour avoir connu une hausse inhabituelle, a été largement étudié et documenté. Une fois la base théorique établie, le développement s'est poursuivi par l'utilisation en parallèle de diverses méthodologies de recherche. Des collectes de données quantitatives ont été effectuées sur diverses congrégations à Medellín et dans la vallée d'Aburrá. En outre, des sondages ont été menés auprès des dirigeants des églises classées comme églises pentecôtistes traditionnelles[3]. Les étudiants ayant des arrière-plans régionaux et religieux différents ont développé des observations en tant que membres actifs des églises passées en revue. L'association des données recueillies à la collecte de ces informations a permis aux membres de l'IDSRG de mieux comprendre le phénomène pentecôtiste.

Cette enquête a permis d'obtenir quelques conclusions premières au sujet de la théologie, de la liturgie et du travail social des églises pentecôtistes

2. Cette approche trouve son origine en espagnol, principalement dans le livre *El refugio de las masas* [Le refuge des masses] de Lalive d'Epinay, suivi par de nombreux auteurs qui parlent de l'Église évangélique en Amérique latine.

3. La définition de « pentecôtiste traditionnel » est faite selon des critères théologiques et non liturgiques. Ces lignes théologiques suivaient Donald W. Dayton, *Theological Roots of Pentecostalism* [Racines théologiques du pentecôtisme], Peabody, Hendrickson, 2000.

en Colombie. En considérant la portée du travail social de ces églises, il faut comprendre que la contribution théologique pentecôtiste ne consiste pas en une formulation doctrinale écrite, mais plutôt en une pratique d'ordre liturgique. C'est principalement dans le contexte du service de culte que commence le travail social des églises pentecôtistes pour les populations déplacées de ce pays.

Les églises pentecôtistes colombiennes se sont intégrées à tous les secteurs de la société, mais elles sont particulièrement répandues dans les secteurs marginalisés de la périphérie, où elles connaissent une croissance significative, non pas sous forme de méga-églises, mais plutôt de petits groupes qui se multiplient. Nous avons connu des auteurs affirmant que :

> Dans les églises pentecôtistes, les fidèles trouvent de nouvelles communautés de soutien social, de nouvelles structures et valeurs familiales, et ils acquièrent aussi une nouvelle discipline personnelle et la confiance en Dieu, ce qui les encourage à avancer et à s'adapter à un marché du travail incertain et fluctuant[4].

Cela est très important pour la compréhension et la pratique des ministères, en particulier parce qu'« une personne contrainte de migrer en raison de la violence en Colombie, au lieu d'expulser Dieu de sa vie en raison de toutes les souffrances qu'elle a endurées, l'accueille d'autant plus et reconnaît plus vivement le pouvoir du Divin dans sa vie[5] ».

La recherche sur le travail social de l'Église pentecôtiste a conduit les participants de l'IDSRG à chercher à comprendre d'autres facettes de cette église, telles que son travail liturgique, son enseignement théologique et son intégration dans les espaces sociaux. Enquêter sur une église qui sert dans des circonstances difficiles et en tirer des enseignements aidera grandement toute institution convaincue de la nécessité de servir Dieu, l'Église et la société dans le cadre de sa mission, à offrir une formation complète.

---

4. M. Lindhart, « La Globalización Pentecostal : Difusión, Apropiación y Orientación Global », *Cultura & Religión*, 2011, p. 119.
5. N. Mafla, « Función de la religión en la vida de las víctimas del desplazamiento forzado en Colombia », Thèse doctorale, Universidad Complutense de Madrid, 2012, p. 161.

Questions pour la discussion

Le FUSBC a cherché à établir un lien entre le programme d'études et le contexte à travers un groupe estudiantin spécialisé en recherche et dirigé par un instructeur (IDSRG), se concentrant sur les modèles manifestes de vie communautaire dans l'église pentecôtiste colombienne.

1. Si votre institution/organisation devait entreprendre d'importantes recherches sur le terrain dans votre environnement culturel et social, quels pourraient être selon vous, les problèmes qui devraient être étudiés d'urgence ? Pourquoi pensez-vous que ces problèmes sont réellement importants ?
2. Le FUSBC considère qu'il est impératif de susciter un effort de coopération entre les professeurs et les étudiants dans le développement de la recherche contextuelle. Si vous deviez développer une équipe de recherche comparable, lesquels parmi vos enseignants pourraient être des acteurs clés dans la direction d'une telle équipe ? Comment pourriez-vous véritablement impliquer vos étudiants dans ce type de recherche ?

6

Une expérience indienne
Découvrir les lacunes

Havilah Dharamraj
Directrice des études, South Asian Institute of Advanced Christian Studies (SAIACS), Inde

Le SAIACS a mené une révision du cursus fondée sur la recherche (RDCR) de son programme phare, la MTh (Maîtrise en Théologie). Nous avons mené une enquête auprès de nos anciens élèves à partir de l'an 2000 en utilisant des sondages en ligne et des groupes de discussion. Nous avons élaboré des questionnaires différents pour les divers groupes cibles, à savoir les anciens et leurs collègues sur leurs lieux de ministère. Dans la dernière catégorie, nous avions des questionnaires séparés pour les employeurs, les pairs et les employés.

Dès que les premiers résultats du sondage ont commencé à tomber, le ruisseau s'est vite transformé en déluge. Notre défense contre cette inondation de réponses fut d'utiliser cinq surligneurs de couleur différente pour les différencier. Grâce à eux, nous avons identifié les principales tendances.

Je vais d'abord décrire le processus que nous avons suivi, puis la façon dont nous avons analysé les résultats. À partir des données, nous avons isolé cinq tendances qui ont mis en relief nos points forts et les domaines à améliorer. Voici un bref aperçu.

Le Processus

Étape 1 : Collecte des données provenant des sondages en ligne et des groupes de discussion

- Échéance : un mois.
- Personnel : un cadre de l'administration universitaire, un collecteur pour les questionnaires en ligne, deux transcripteurs.

Étape 2 : Identification des tendances significatives

- Échéance : un mois.
- Personnel : le directeur, la directrice des études, l'aumônier des étudiants.

Les tendances significatives suivantes ont suscité le plus de commentaires :

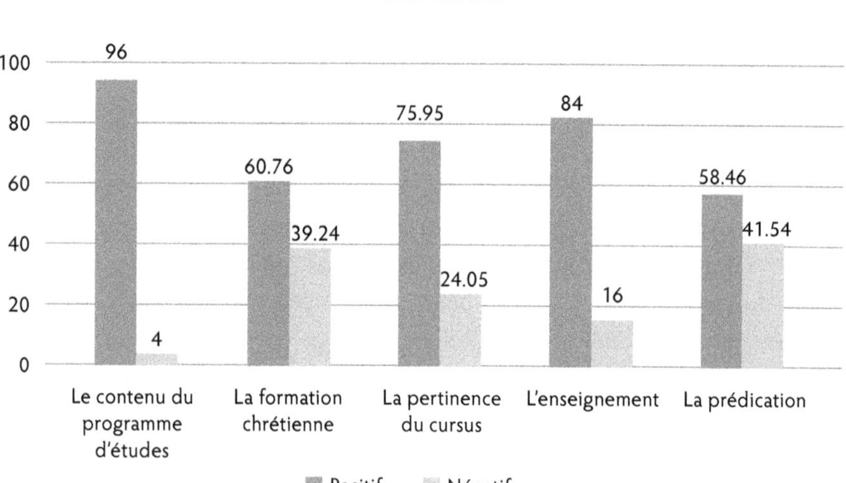

Les réponses au contenu académique du programme de l'école ont révélé un sentiment de satisfaction relativement plus élevé concernant l'ensemble du programme d'études, comme le révèle l'analyse qui suit.

Étape 3 : Étudier la tendance

- Échéance : un mois.

- Personnel : un cadre de l'administration de l'université, la directrice des études, l'aumônier des étudiants.

Étape 4 : Action prise

Cette étape sera explicitée après chacune des tendances identifiées.

1re tendance : le programme d'études

Les commentaires étaient les suivants :

- Les diplômés du SAIACS font preuve d'une ferveur méritoire pour l'étude ;
- Ils sont confiants dans leur domaine ;
- Ils ont des convictions évangéliques ;
- Ils font montre d'aptitude à exceller dans l'enseignement supérieur ;
- Nous sommes reconnaissants que plusieurs de nos professeurs aient des diplômes du SAIACS ;
- La contribution du SAIACS à la formation théologique évangélique est inégalée ;
- Un ancien élève du SAIACS nous a aidés à revoir notre cursus et notre syllabus. Il a clarifié l'énoncé de mission, les objectifs, etc.

Sélectionner les principaux éléments de la tendance :

Le SAIACS sert bien l'Église par le biais des compétences universitaires. Plus précisément par :

- La recherche indépendante ;
- La pensée critique / les compétences analytiques ;
- L'objectivité intellectuelle ;
- L'expertise quant au sujet ;
- La réflexion stratégique.

Nous en concluons que cette partie de la vie du SAIACS est toujours bonne, et donc :

Action : Bravo ! Continuons !

2e tendance : La formation chrétienne

Les commentaires étaient les suivants :

Réussites...

- Entreprend volontiers des tâches subalternes comme le nettoyage des toilettes, mais pas pour obtenir l'approbation des autres ;

- Entretient de bonnes relations avec le personnel et les étudiants [...] très bon esprit d'équipe ;
- Est humble [...] disponible pour rendre service ;
- Travaille avec diligence ;
- Ne ménage pas ses efforts pour aider les étudiants et les collègues dans le besoin ;
- Est honnête, sincère et engagé. Nous croyons que ces traits de caractère ont été nourris par le SAIACS ;
- Encourage les autres ;
- A passé plusieurs nuits à l'hôpital pour veiller sur un étudiant atteint de jaunisse ;
- Accepte volontiers les conseils des leaders ;
- Travaille dur même sans rémunération financière.

De temps en temps, nous entendons des étudiants dire qu'en raison de la rigueur du niveau universitaire, ils sont tentés de reléguer au second plan la formation spirituelle. Nous avons constaté que cela pourrait être vrai chez certains de nos diplômés.

Peut mieux faire...

- A bien commencé mais n'a pas pu terminer comme il faut ;
- A tendance à continuer de rechercher le confort après avoir étudié dans un lieu confortable comme le SAIACS ;
- Sait ce qu'il doit faire mais ne va pas jusqu'au bout ;
- Rigide [...] doit être plus flexible.

Sélectionner les principaux éléments de la tendance :

Ce que le SAIACS fait bien :

- Engendre une culture égalitariste – 18 % ;
- Encourage les petits groupes de maison / les dîners conviviaux – 24 % ;
- Le campus respecte l'environnement – 15 % ;
- Est une communauté de partage et d'attention à l'égard des autres – 15 %.

Ce que le SAIACS peut mieux faire :

- Favoriser intentionnellement la croissance spirituelle ;
- Structurer la Relation d'aide / mentorat personnalisés ;
- Afficher la volonté d'intégrer la vie universitaire et la vie spirituelle.

Ces résultats mitigés ont permis de déduire que des mesures correctives étaient nécessaires dans ce domaine. En réalité, nous avions déjà pris connaissance de cette tendance avant même cette enquête, et certaines mesures correctives avaient déjà commencé. Les résultats de notre sondage ont confirmé que les mesures déjà prises s'orientaient dans la bonne direction.

Mesures correctives : Le SAIACS avait besoin de mettre davantage l'accent sur la formation chrétienne.

À cette fin, un programme de Retraite dans la vie quotidienne *(Retreat-in-Daily-Life)* a été introduit ainsi qu'un système de mentorat personnel au sein des petits groupes de maison.

3e tendance : La pertinence pour le ministère en Asie du Sud

Y compris les compétences en leadership et la pensée centrée sur la mission.

Les employeurs, les collègues, les employés ont dit...	*Les diplômés du SAIACS ont dit...*
Les diplômés du SAIACS sont des missionnaires performants.	J'aurais aimé être plus en contact avec les agences missionnaires durant mes études au SAIACS.
Veuillez enseigner à vos étudiants les défis contemporains des missions.	Le SAIACS a développé en moi la passion de rendre l'Évangile pertinent et contextuel.
Ce diplômé du SAIACS est un grand visionnaire dans le domaine de la mission.	J'aurais aimé avoir une expérience directe de missions interculturelles en me rendant sur le terrain.
Le SAIACS doit équilibrer les études universitaires avec les problèmes de la vie réelle.	J'aurais aimé apprendre la gestion de l'église et du bureau.
Le SAIACS aborde les questions savantes avec excellence, en corrélant l'apprentissage en classe avec les problèmes rencontrés dans un cadre de ministère local.	J'aurais aimé être mieux formé aux problèmes éthiques actuels.
Les diplômés du SAIACS peuvent facilement se voir confier de nouvelles initiatives.	J'aurais apprécié recevoir de l'aide pour appliquer l'apprentissage en classe aux problèmes rencontrés dans le contexte du ministère local.
Les diplômés du SAIACS ont besoin de s'intéresser aux questions de justice.	J'aurais aimé avoir étudié les enjeux éthiques.
Les diplômés du SAIACS sont des enseignants créatifs, capables de comprendre le contexte et d'adapter correctement le sujet à l'audience.	
Le SAIACS doit développer la compétence interdisciplinaire pour l'avancement de la mission.	
Les anciens du SAIACS ne comprennent pas la culture du quartier local.	

Les étudiants du SAIACS se comportent très bien même dans des situations stressantes.	
Les diplômés du SAIACS ont d'excellentes capacités de leadership.	

Sélectionner les principaux éléments de la tendance :

Ce que le SAIACS fait bien :

- Inculquer une passion pour la mission,
- Développer des capacités de leadership.

Ce que le SAIACS peut mieux faire :

- Proposer de la pratique dans le travail en mission,
- Relier les études de niveau universitaire aux problèmes contemporains.

Conclusion : plus de résultats négatifs que positifs ; action corrective nécessaire.

Action : La tendance 3 était un vrai mélange de réactions diverses. Avec notre devise « Excellence pour la Mission », cette tendance concernait l'efficacité de nos anciens sur le champ de mission...

- Le SAIACS pourrait mieux relier les études au contexte sud-asiatique.
- À la suite de ces constats, un cours d'apprentissage fondé sur le contexte a été introduit au niveau de la maîtrise, de même que l'invitation croissante d'experts du terrain comme professeurs de missiologie.
- Au niveau MTh, il existe un besoin d'aborder délibérément l'application de la théorie aux problèmes contextuels et contemporains.

Les tendances 4 et 5 ont été traitées d'une manière similaire.

Bilan des constatations

Nous avons systématiquement identifié, étudié et abordé chacune des cinq tendances que nous avons dégagées dans l'avalanche de commentaires reçus. Voici le résumé de nos constatations et des mesures prises pour y répondre.

Avec le recul, nous pensons que le projet de révision du cursus fondée sur la recherche a été l'un des exercices les plus intéressants que nous ayons jamais entrepris – et certainement l'un des plus fructueux. Nous le recommandons sans hésitation pour le bon fonctionnement de toute institution théologique.

- Tendance 1 : Dans l'enseignement universitaire, le SAIACS sert bien l'Église.
- Tendance 2 : Le SAIACS doit renforcer l'attention portée à la formation du caractère chrétien.

- Tendance 3 : Dans son effort de pertinence pour le ministère en Asie du Sud, le SAIACS pourrait mieux adapter son programme universitaire au contexte de l'Asie du Sud.
- Tendance 4 : En dispensant ses cours, le SAIACS pourrait mieux former les étudiants à enseigner.
- Tendance 5 : Il faut faire davantage d'efforts dans le domaine de la formation des étudiants à l'art de la prédication.

Questions pour la discussion

Le rapport du SAIACS documente un processus en quatre étapes servant à mettre les résultats de la recherche en pratique : (1) la collecte de données ; (2) l'identification des tendances significatives ; (3) l'étude des tendances dégagées ; (4) l'action.

1. Pour que ce processus soit efficace, il est nécessaire de nommer une personne responsable à chaque étape. Si c'était votre école, qui, à votre avis, pourrait être la personne la plus appropriée pour prendre la direction et/ou faciliter chacune des quatre étapes suggérées dans ce passage de la recherche à l'action ?

2. Sachant que l'institution devra, à terme, mettre en œuvre un changement dans le programme, quelles sont les principales façons dont vous pouvez vous assurer que vos enseignants s'impliquent dans ce changement et se l'approprient ?

3. À votre avis, quels pourraient être les principaux obstacles à un engagement effectif dans l'une des quatre étapes suggérées, ou dans toutes ? Faites une ou deux propositions pour surmonter ces obstacles.

7

Une expérience zimbabwéenne

Parcours vers la maturité

Roy Motsi, Doyen, et Robert Heaton, Directeur académique
École théologique du Zimbabwe (TCZ)

Nous avons atteint le sommet de la montagne et il règne parmi nous un sentiment mitigé. D'un côté, nous sommes tellement enthousiastes d'avoir pu y parvenir, mais d'un autre côté, nous appréhendons l'avenir.

Le point de départ de l'aventure

Tout a commencé lors de la conférence de l'ICETE à Beyrouth : nous avons entendu parler du Séminaire théologique baptiste arabe (ABTS) qui venait d'achever la tâche immense et incroyable de concevoir leur propre programme d'études, en le rendant flexible et contextuel. Ceux d'entre nous qui avaient toujours utilisé le programme classique initié par les missionnaires seraient-ils vraiment capables de s'en détourner sans avoir le moindre sentiment de trahison et de déloyauté envers ces pères fondateurs et fidèles ? Nous étions assurés de recevoir l'aide de ceux qui étaient en contact avec les missionnaires et qui avaient déjà accompli une grande partie du travail. Perry Shaw, qui avait dirigé le processus de changement de l'ABTS, était tout à fait disposé à venir au Zimbabwe et c'est lui qui nous a initiés dans ce long et sinueux parcours. John Jusu d'OC (Overseas Council) nous a également rendu visite et restait à notre disposition au cas où nous aurions besoin de lui pour encourager ceux d'entre nous qui hésitaient et avaient peur de l'inconnu.

L'OC, avec sa générosité et son soutien habituels, nous a donné un coup de pouce en offrant son parrainage pour nous aider dans le processus.

Quand nous sommes rentrés chez nous après la conférence, il nous a d'abord fallu concevoir un diagramme de Gantt qui tracerait clairement la voie dans laquelle nous nous engagions, comment nous allions avancer, les différentes étapes importantes, le calendrier et les outils dont nous avions besoin pour y parvenir. Nous avons ensuite convenu avec Perry Shaw et John Jusu de la date à laquelle ils nous rendraient visite au Zimbabwe. Une fois que cela a été arrangé, nous ne pouvions plus faire marche arrière ; nous avions, pour ainsi dire, brûlé nos vaisseaux.

Prise en main et responsabilité

Robert Heaton, en sa qualité de Directeur académique, était le nerf de l'opération et la personne à qui les enquêteurs et les professeurs présentaient leurs rapports. Ray Motsi supervisait l'ensemble du projet en tant que doyen de l'institution, communiquant avec le conseil d'administration, trouvant le financement et clarifiant la vision quant à l'objectif à atteindre. La communication était primordiale, tout le monde devait savoir quelles étaient les tâches assignées à chacun, et à qui chacun devait recourir s'il avait des questions. Nous avons fait en sorte que tout le monde sache que nous étions tous responsables puisqu'il s'agissait d'un projet de l'École théologique du Zimbabwe.

Les conflits « territoriaux »

Sur le front intérieur, le conseil d'administration nous avait demandé d'élaborer un nouveau programme par écrit. Notre problème était de taille : nous avions toujours eu recours au principe du copier-coller du bon vieux programme classique initié par les missionnaires et nous sommes retrouvés avec environ cinquante-six modules pour l'ensemble du programme de licence en théologie. Les étudiants n'arrivaient pas à gérer la charge de travail. Le programme était bien trop lourd, mais nous ne pouvions pas faire grand-chose pour y remédier car les lignes de bataille « territoriales » de ministère se dressaient à chaque fois que nous commencions à parler de réduire le programme d'études. L'opportunité d'une révision du cursus axée sur la recherche est venue à point nommé et nous offrait une chance de pouvoir réaliser ce processus important d'un point de vue objectif. L'École théologique du Zimbabwe (TCZ) avait été créée en 1979 par l'Africa Evangelical Fellowship (AEF), devenue SIM (*Servants In Mission*, ou Serviteurs en Mission), et, mise à part une certaine contextualisation des cours, nous n'avions pas apporté de grands changements au programme d'études. Pourtant, notre contexte avait nettement changé depuis l'Indépendance en 1980. Le projet de révision était donc souhaitable depuis longtemps.

Nous avons commencé par tenir une réunion avec tous les enseignants pour expliquer le défi qui s'était révélé à Beyrouth, ce que nous avions décidé de faire et comment nous allions l'accomplir. Dieu merci, la majorité d'entre eux étaient disposés à participer, mais de toute évidence, quelques-uns ne comprenaient pas trop pourquoi nous devions changer.

L'étude de marché

Il fut décidé de sélectionner et cibler six groupes de personnes parmi les partenaires de TCZ afin de conduire des entrevues. Il s'agissait d'anciens étudiants de l'École (pasteurs d'églises et responsables d'organismes para-ecclésiaux), de pasteurs/leaders non-TCZ, d'églises ayant des ministères sociaux, d'étudiants actuels et d'hommes ou femmes d'affaires chrétiens. Des questionnaires ont été conçus pour chacun des six groupes cibles, et un groupe composé d'étudiants, de membres du personnel et d'anciens étudiants a été sélectionné et formé pour mener les entrevues. Après la formation, nous avons conduit un essai pilote. Concevoir les questionnaires a été difficile car nous voulions garantir que les questions nous donneraient ce que nous voulions savoir sans pour autant influencer les personnes interrogées. Nous souhaitions également une discussion par le biais de la recherche-action participative. La clarté et l'objectivité étaient des critères importants pour nous. Le projet pilote a mis en évidence certaines faiblesses que nous avons œuvré à corriger par une formation complémentaire pour les enquêteurs avant qu'ils ne commencent la recherche principale sur le terrain.

L'analyse

Après avoir terminé la recherche principale, l'étape suivante consistait à analyser et à interpréter les données brutes provenant des diverses personnes interrogées. Encore une phase où il était important de rester concentrés sur notre objectivité et notre vision. Malheureusement, toutes les réponses aux entrevues n'avaient pas été enregistrées de la même manière. Néanmoins, nous avons documenté les résultats dans un rapport de recherche, comportant quelques idées préliminaires sur la forme et le contenu du nouveau programme. Tout cela fut communiqué aux enseignants.

Les résultats

À partir de ces discussions, un tout nouveau modèle de programme, ancré dans le contexte et pertinent pour le « marché » – c'est-à-dire l'Église – a été conçu et développé. La dernière étape consistait à organiser un atelier de deux jours et demi avec les enseignants afin de travailler sur le processus de conception du programme. Outre la suppression d'anciens cours et l'ajout de nouveaux, nous sommes également passés d'une approche trimestrielle à une approche semestrielle. Nous avons été surpris de voir à quel point le nouveau cadre s'avérait flexible, car les cours pouvaient à présent être offerts de façon cyclique, de sorte que les étudiants puissent se joindre à l'école chaque semestre et profiter d'une gamme de cours au choix. Il était également encourageant de voir que notre modèle de programme d'origine locale pouvait être adapté à de nombreux autres contextes à l'extérieur du Zimbabwe.

En conclusion

À présent, nous ne pouvons plus mettre les aspects négatifs de notre programme sur le compte des missionnaires car c'est nous-mêmes qui avons développé le nouveau programme. La prise en main implique la responsabilité. C'est pourquoi nous avons mentionné au tout début de ce chapitre que, si nous sommes au sommet de la montagne, nous appréhendons l'avenir. Nous naviguons dans des eaux nouvelles, à mesure que nous en apprenons plus sur l'évaluation continue d'un cursus.

Nous remercions Dieu pour l'opportunité de participer à ce projet, et nous sommes reconnaissants pour le soutien apporté. Merci à l'OC et l'ICETE : vous nous avez encouragés à mûrir et à être responsables de nos actions et des moyens que nous employons pour les accomplir.

Récits de notre périple

Une conversation pertinente

En février 2015, le doyen de TCZ, Ray Motsi, a présenté un message au culte communautaire montrant la pertinence des exhortations de Paul dans Galates pour notre contexte zimbabwéen. Paul nous y exhorte à repenser notre vision du monde et l'aligner avec le Christ et l'Écriture (par ex. Ga 3.1-4, 4.8-11). La vision africaine du monde et la vision chrétienne du monde sont souvent en désaccord. Le syncrétisme est un problème majeur dans l'Église africaine. Cela nous a incités, en tant que professeurs, à rédiger un nouveau modèle de programme fondé sur la transformation des visions du monde (voir l'annexe en fin de chapitre). À partir de là, nous avons développé un programme révisé de licence en théologie de trois ans en utilisant des thèmes basés sur la vision du monde pour chaque année. Ainsi, tous les cours de première année traitent le thème « Aborder la vision chrétienne du monde », avec deux questions fondamentales : D'où viens-je/venons-nous ? Qui suis-je/sommes-nous, en Christ ?

Pendant la deuxième année, sous le thème « Faire avancer la vision chrétienne du monde », nous explorons cette question du point de vue de la transformation personnelle, de la famille et du ministère, en examinant les implications pour le leadership et le ministère. La troisième année, sous le thème « Appliquer la vision chrétienne du monde », explore la question *Où devons-nous être ?* sous le double éclairage de l'Église et de la société. Ces questions, à aborder aux niveaux personnel, communautaire et national, seront explorées dans chacun des cours proposés cette année-là. En évoquant le sujet de notre vision africaine du monde, le doyen Motsi a, sans le savoir, fourni l'idée permettant de développer un outil essentiel dans le processus de révision du cursus.

Les opportunités engendrées par ce projet

Environ six mois après le début du projet de révision du programme en mars 2014, le TCZ a pris la décision de demander au gouvernement de nous accorder le statut d'université privée car nous estimions que la récente exigence de s'affilier avec une autre université locale pourrait nous paralyser à long terme. Une école sœur, l'École théologique de Harare (HTC), dont le président du conseil d'administration est par ailleurs membre du conseil d'administration de TCZ, a exprimé son intérêt pour se joindre à nous dans le projet. À mesure que les discussions se poursuivaient, leur doyen et leur directeur académique se sont joints à nous dans les conversations sur la révision du programme, et ont participé de manière très significative à l'atelier final en avril 2015, au cours duquel le cadre du cursus a été défini. Dans le même temps, nous avons également invité trois autres écoles, Ekuphileni Bible Institute (EBI), Christian Open Bible School (COBS) et Rusitu Bible College (RBC), qui offrent toutes le diplôme supérieur du TCZ en théologie, à se joindre à nous pour l'atelier d'avril. Ce projet de révision fait donc date en ce sens que nous ne connaissons aucun autre collège similaire au Zimbabwe ayant déjà fait quelque chose de semblable ; et en tout cas, pas en y associant cinq autres écoles.

Les révélations de la recherche

Pour être honnête, la recherche n'a apporté aucune surprise. Elle a simplement confirmé objectivement ce que les enseignants savaient déjà. En l'occurrence, le besoin d'autres formations professionnelles (par exemple, en électricité, en construction, en menuiserie) pour fournir un revenu aux pasteurs n'était pas nouveau. Tout en reconnaissant les raisons de cette situation, le corps enseignant estimait qu'une telle formation supplémentaire nécessiterait du personnel et des ressources additionnelles (en équipement et matériel), ainsi que du temps en plus (au moins un an) pour terminer le programme. En outre, nous avions le sentiment que nous n'aurions rien de plus à offrir que les autres institutions qui proposaient déjà, avec compétence, une telle formation.

Le besoin d'un contenu supplémentaire en administration, en leadership et en relation d'aide n'était pas une surprise non plus. Ces cours pratiques sont enseignés à un niveau de base, mais les étudiants et les diplômés ne se rendent souvent compte de leur valeur que lorsqu'ils font l'expérience des exigences du ministère. Une plus grande profondeur étant toujours utile, le nouveau programme comprend donc plus d'heures d'enseignement pour ces trois cours (au moins dix heures supplémentaires pour la relation d'aide et des cours facultatifs supplémentaires pour le leadership et l'administration). En outre, un nouveau cours facultatif, *Current Issues* (Sujets actuels), conçu comme un cours interdisciplinaire traitant d'un éventail de questions ministérielles – à la fois positives et négatives – pourrait également aborder des sujets connexes. L'interaction informelle entre les professeurs de TCZ et HTC a permis d'élargir la réflexion et d'affiner les idées alternatives. La recherche a induit ces conversations, et a incité à penser « hors des sentiers battus ».

Dès lors que le nouveau modèle de programme d'études fut conçu – soulignant la nécessité de passer de la vision africaine du monde à la vision chrétienne du monde – le corps enseignant a commencé à réaliser l'ampleur du changement requis. Cette prise de conscience fut en soi un vrai parcours pour les enseignants, mis au défi de repenser leurs cours habituels pour s'adapter au nouveau cursus. La révision a donc abouti à un programme de licence plus pertinent pour le contexte et qui, si Dieu le veut, commencera à transformer la formation théologique au Zimbabwe. Nous espérons encourager d'autres institutions à mener, en temps voulu, leurs propres projets de révision de cursus axée sur la recherche.

Questions pour la discussion

1. Nous avons mentionné dans ce chapitre deux éléments essentiels pour l'efficacité d'une révision de programme axée sur la recherche : la prise en main et la responsabilité. Quelles sont, dans votre propre école, les différents groupes de personnes qui ont besoin d'avoir un sentiment d'« appropriation » du programme et dans quelle mesure en ont-ils besoin ? Quelles sont les personnes clés en position de responsabilité, et quels sont leurs domaines respectifs de responsabilité ?
2. Le TCZ a rencontré des « conflits territoriaux » typiques des ministères. L'institution les a surmontés grâce à une vision commune du programme d'études et à des compromis. Dans quelle mesure anticipez-vous des « conflits territoriaux » comparables si vous deviez mettre en œuvre des changements dans le cursus de votre école ? Suggérez quelques moyens envisageables pour éviter ces conflits ou les adoucir, afin que le changement puisse avoir lieu de manière harmonieuse.
3. Le thème déterminant du nouveau programme d'études de TCZ est de transformer la vision du monde, guidant les étudiants dans un parcours en trois étapes : (1) aborder la vision chrétienne du monde, (2) faire progresser la vision chrétienne du monde et (3) appliquer la vision chrétienne du monde. Décrivez deux ou trois manières dont vous pourriez appliquer des éléments de cette conceptualisation stratégique dans votre(vos) programme(s) d'études.
4. En raison de ses limites en capacité, le TCZ n'a pas été en mesure de répondre à l'un des principaux résultats de la recherche : le recours à d'autres formations professionnelles (par exemple électricité, bâtiment, menuiserie) pour fournir un revenu aux pasteurs. C'est un besoin assez répandu dans de nombreuses parties du monde. Connaissez-vous un programme d'étude théologique qui a réussi à intégrer la formation bi-professionnelle ? Pouvez-vous citer un ou deux facteurs clés ayant permis à ce programme de fonctionner ?

Annexe

Modèle de cursus proposé

Déclaration de mission : Développer des leaders chrétiens engagés dans un leadership et un ministère performants, tant dans l'Église que dans la société.

La philosophie sous-jacente

Ce modèle est fondé sur un parcours. Il commence par explorer notre vision humaine du monde et se termine en fixant des objectifs pour développer une vision chrétienne du monde. Il pose les grandes questions dès la première année : *D'où viens-je ? Qui suis-je en Christ ?* En « abordant la vision chrétienne du monde », la culture humaine et ses visions du monde sont explorées en parallèle avec le fait d'être une nouvelle personne en Christ. Ceci est examiné à trois niveaux : personnel, communautaire et national.

À mesure que les apprenants s'initient aux études supérieures, les cours sont présentés sous un double éclairage, menant à une connaissance de soi et à une initiation à ce qui constitue notre contexte actuel. L'accent sera donc mis cette année sur un séminaire en lien avec la situation zimbabwéenne, explorant l'état économique, social, politique et spirituel de la nation et ses conséquences pour le bien-être spirituel, émotionnel, personnel, communautaire et national, ainsi que pour le leadership et le ministère. Joint à une exploration poussée de la vision africaine du monde, et une introduction sur l'importance d'établir une relation avec Dieu – deux questions référencées dans tous les cours – ceci guidera les étudiants à travers des sujets essentiels qui poseront les fondations pour leur transformation tout au long de leur parcours.

Continuant ce parcours en deuxième année et gardant l'attention sur les problèmes en lien avec les visions du monde, l'accent sera mis sur « Faire avancer la vision chrétienne du monde » grâce au développement personnel (par exemple, la transformation personnelle, les questions concernant la famille et le ministère). Cet accent sera présenté au premier semestre à travers un séminaire intitulé

« Vivre Positivement ». Ces cours demeurent interconnectés et/ou intégrés et seront dispensés en gardant à l'esprit deux aspects : les implications pour le leadership et les implications pour le ministère. Ces deux aspects seront abordés à partir des points de vue de l'Église et de la société (le ministère auprès du monde de l'entreprise).

En troisième année, le thème « Appliquer la vision chrétienne du monde » terminera le parcours en abordant la question : où devons-nous être ? Cela mettra l'accent sur la façon dont une vision chrétienne du monde peut s'appliquer aux trois niveaux (personnel, communautaire et national), à partir des points du vue de l'Église et de la société. Au cours du premier semestre, un séminaire permettra aux étudiants d'acquérir des compétences financières.

Conformément au Processus de Bologne, les éléments non déclarés du programme tels que le culte communautaire, la journée de silence, les groupes d'apostolat et de mentorat, de ministère et de sport, ainsi que d'autres activités estudiantines, recevront des crédits. Les étudiants seront invités à réfléchir sur les leçons tirées de ces expériences.

Quelques remarques

- Des examens ou des devoirs ne sont pas nécessairement requis pour chaque cours ; et un cours peut ne pas prendre un semestre complet. Cela réduira la charge de travail pour les étudiants et les enseignants.
- Les cours peuvent être dispensés sous la forme de modules d'une, deux, trois ou quatre heures ou de modules hebdomadaires, selon le contenu du cours.
- Comme les cours seront présentés à travers des prismes communs (vision du monde, église, société, leadership et ministère, avec les questions annuelles requises), l'approche sera interdisciplinaire. Chaque année, les étudiants devront réfléchir à leurs découvertes et produire de substantiels articles de recherche. Ils seront également invités à élaborer des plans d'apprentissage personnels avec leurs conseillers.
- Les cours facultatifs proposés en troisième année ne sont pas encore finalisés et pourraient augmenter en nombre.
- La deuxième année comprendra un stage pratique en ministère.
- La troisième année comprendra un mémoire de recherche sur un sujet choisi par l'étudiant. Cette recherche devra s'appuyer sur le cours en méthodologies de recherche et exigera une réflexion interdisciplinaire.

- Quatre cours au choix (deux par semestre pendant huit semaines) seront offerts dans le cadre du parcours suivi, permettant aux étudiants de choisir des cours pertinents à leur domaine de ministère prévu. Il y aura cinq pistes : les études bibliques, la théologie, la formation chrétienne, la mission et la théologie pratique.

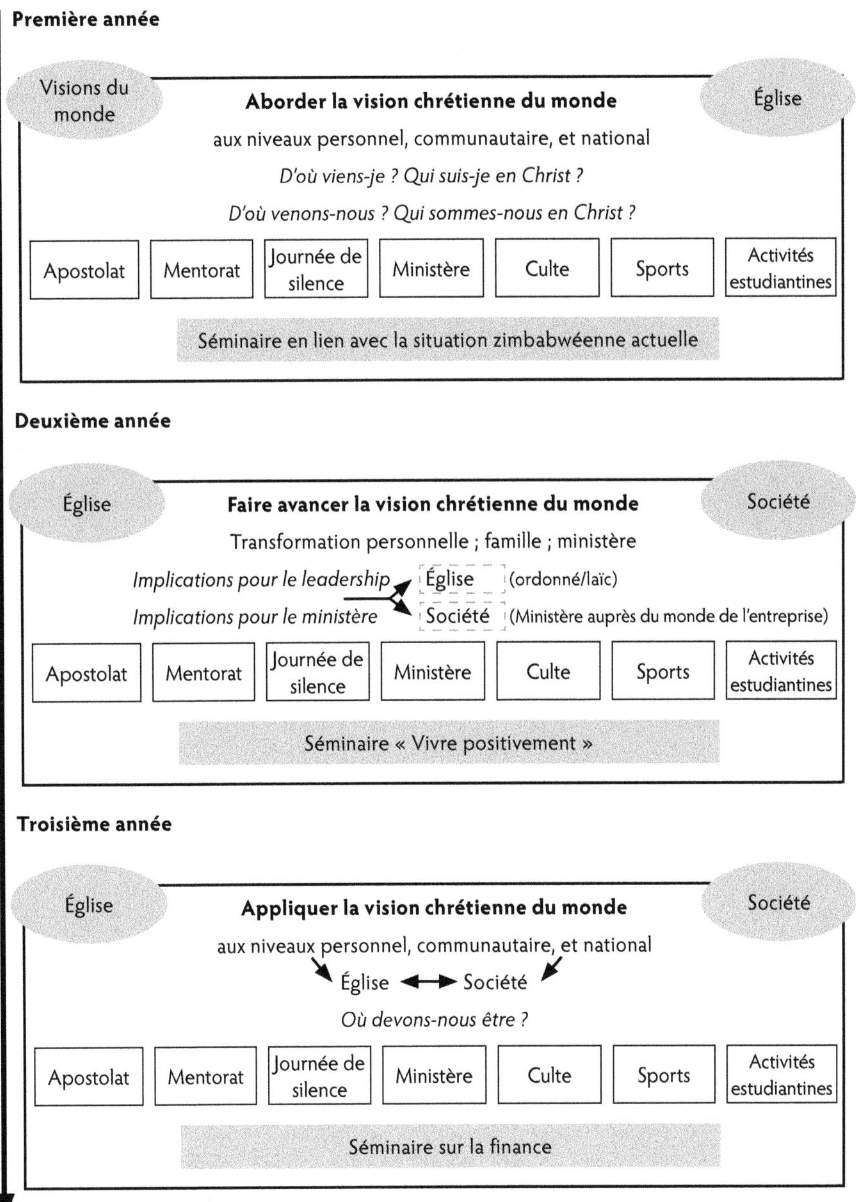

8

Une expérience Sri-lankaise

Des résultats surprenants

Lal Senanayake
Directeur, Lanka Bible College and Seminary (LBCS)

La collecte de données pour la « révision du cursus axée sur la recherche » a été une expérience difficile, particulièrement dans notre « culture à contexte riche[1] ». Dans une culture à contexte riche, les élèves ne diront jamais quoi que ce soit qui puisse offenser les enseignants, même quand ils ont quelque chose à dire. Ils ne seront jamais ouvertement en désaccord avec eux. Étant donné que certains des professeurs principaux du LBCS menaient les entrevues, il nous fallait adopter une stratégie nous permettant d'entendre les sentiments et le vécu authentiques des étudiants.

Il était important de récolter des données fiables concernant la situation réelle de l'école pour aider à son développement. Par conséquent, nous avons préparé pour cette tâche nos enseignants les plus chevronnés. Cependant, au cours de ce processus, nous avons constaté qu'une réponse collective des participants de chaque région aurait apporté de meilleures informations dans une culture à contexte riche, parce que la dimension du groupe ouvre la voie à plus d'audace lorsqu'il s'agit de partager les réflexions et les expériences. Une situation de groupe donne à toute personne issue d'une culture à contexte riche

1. N.D.E. : « La communication se déroule dans un contexte plus ou moins riche selon le degré d'explicitation du message. Cela veut dire qu'un message peu explicite est riche en contexte, et qu'un message très explicite est pauvre en contexte. On parle alors de cultures à contexte riche et de cultures à contexte pauvre (Hall 1979) » (Mathieu Guidère, *La communication multilingue : Traduction commerciale et institutionnelle*, Bruxelles, De Boeck Supérieur, 2008, p. 108).

le courage de dire ce qu'elle pense. Lorsque nous entreprendrons notre prochaine recherche, nous le ferons différemment. Après avoir mené une ou deux entrevues, nous réexaminerons les questions de l'entretien. Nous reviendrions également vers les personnes interviewées pour une deuxième entrevue, afin de clarifier les domaines qui sembleraient ambigus.

Nous espérons que cette première expérience de révision du cursus axée sur la recherche ne sera pas la dernière. Le LBCS a décidé d'intégrer un processus de recherche sur le cursus pour continuer de s'améliorer.

Des résultats surprenants

Nous avons obtenu plusieurs résultats surprenants au cours de la recherche. Au début, l'équipe avait décidé de faire appel à des intervieweurs indépendants pour la collecte des données car il était difficile pour les membres du corps professoral d'interviewer des étudiants issus d'une culture à contexte riche et d'obtenir des données authentiques. Comme il était très coûteux d'embaucher des personnes extérieures à l'institution, les enseignants ont dû chercher et trouver comment travailler de manière à obtenir les données dans une culture à contexte riche. C'était une première pour eux, et il fut encourageant de constater qu'ils s'en sortaient bien.

Le succès repose sur le grand nombre de réunions que nous avons tenues avec les enseignants, pour décider qui travaillerait sur les entrevues et le recueil des données. J'ai fourni les informations de base concernant la réalité culturelle et la nécessité d'obtenir des données authentiques.

Une autre surprise de taille : suite aux résultats, les enseignants et le personnel ont appris à examiner différemment le processus de formation au LBCS. Ce fut une révélation pour eux de réaliser l'impact du programme implicite sur les étudiants.

Nous avions supposé que la performance globale du personnel était à la hauteur jusqu'à ce que nous écoutions l'expérience des anciens élèves de l'institution. La plupart des réponses concernant l'enseignement à l'école étaient positives. Mais parmi les participants, des anciens élèves ont dit qu'ils n'avaient pas apprécié certains comportements. Ils ont exprimé que ce qui était enseigné en classe devait être observé dans la vraie vie, à l'extérieur de la classe. La plupart des témoignages se référaient à des comportements de certains membres du personnel. Les étudiants avaient soigneusement observé la disparité entre la vie et l'enseignement. Ils ont mentionné un manque d'amour et de sollicitude de la part de certains membres du personnel.

Autre surprise pour la plupart des professeurs et du personnel, provenant des conclusions des données de recherche : notre action en termes de formation nécessitait des changements et des améliorations. Par exemple, les enseignants ne s'attendaient pas à entendre parler de la nécessité d'une intégration plus large – théorie/pratique, école/société et ministère sur le terrain/programme d'études.

La clé du succès

La clé du succès fut l'esprit d'humilité du directeur, des enseignants et du personnel et leur engagement à écouter les anciens élèves s'exprimer sur leur expérience d'apprentissage au LBCS. Nous étions tous décidés à obtenir des données véridiques et non celles que nous aurions souhaité entendre. Mon expérience en recherche qualitative lors de mes études à l'Université Internationale de Trinity était encore toute fraîche. Je connaissais le pouvoir de la recherche qualitative et j'étais donc déterminé à comprendre le vrai résultat de la recherche. Le but était de développer l'école pour la gloire de Dieu et de s'assurer que la formation du LBCS impacte l'Église et la société. Par conséquent, j'ai travaillé à motiver l'équipe de recherche afin de garantir que les entrevues nous permettent d'obtenir des données authentiques.

Les révélations de la recherche pour notre école et notre mission

- Le LBCS doit déployer plus d'efforts en vue d'une intégration plus large, par exemple entre l'école et la société, la théorie et la pratique, le ministère sur le terrain et le cursus. Il devient évident que les étudiants ne sont pas en mesure d'établir de vrais liens entre leurs cours et la société. La source de cette prise de conscience réside dans le fait que le LBCS a organisé une série de colloques sur la nécessité de l'intégration de l'Église et de la société. Ces colloques ont eu lieu avant le processus de recherche. Les étudiants ont alors réalisé l'importance de cette intégration ; ils ont donc exprimé que la formation du LBCS se devait d'être un modèle. Au cours des dix années précédentes, le LBCS avait interrompu ses missions de sensibilisation auprès des étudiants en raison du poids de l'investissement financier. Mais les étudiants ont réalisé la nécessité d'intégrer la mission et le ministère, la théorie et la pratique dans le programme.
- Le LBCS doit démontrer sa volonté d'intégration des programmes implicite et explicite. Les participants à l'entrevue ont estimé que certaines attitudes du personnel étaient en contradiction avec le programme explicite.

- Le LBCS doit envisager d'améliorer certains cours par rapport à ce qui est actuellement proposé dans le programme (plus de cours sur la gestion, le leadership, la relation d'aide, la sexualité et le mariage, les problèmes sociaux actuels).
- Il nous fallait un programme de formation continue pour les promotions précédentes. Au vu des résultats, le LBCS a commencé à organiser des séminaires et des ateliers sur certains sujets choisis, par ex. la relation d'aide, les soins médicaux, le mentorat, le leadership d'église et la gestion financière (intendance financière).
- Le développement de la bibliothèque est important. La bibliothèque doit être accessible aux centres d'enseignement à distance et aux ministères de terrain, aussi bien pour les anciens étudiants que les étudiants à distance.
- Il est important d'écouter nos partenaires/clients.
- Le processus de révision du programme doit inclure le personnel, les professeurs, les étudiants et l'équipe de direction de l'établissement.
- La précision est importante dans la conception des questions et des outils pour la recherche. Par exemple :
    A. Comment votre expérience d'apprentissage *globale* au LBCS a-t-elle influencé votre efficacité dans le ministère ?
    B. Comment votre temps au LBCS vous a-t-il aidé/e (ou non) à développer des compétences pour le ministère ?
    C. Comment votre expérience au LBCS vous a-t-elle aidé/e (ou non) à développer votre capacité à favoriser des relations interpersonnelles fortes et mutuellement bénéfiques ?
    D. De quelle manière l'exemple du personnel et des professeurs du LBCS a-t-il influencé, positivement ou négativement, votre compréhension du leadership chrétien ?
    E. Comment votre expérience au LBCS a-t-elle influencé le développement des habitudes de discipline spirituelle dans votre vie ?
    F. Comment votre expérience au LBCS a-t-elle influencé votre intérêt pour l'apprentissage continu dans le domaine des études théologiques et bibliques, et dans le développement d'habitudes personnelles effectives d'étude biblique ?
- Il est important de travailler ensemble à la conception d'outils de recherche.
- Il est nécessaire de se réunir plus souvent en tant qu'équipe de consultation et de discussion.

- Il est important de rencontrer les participants en groupes selon l'emplacement géographique afin d'obtenir leur réponse collective. Cette idée est venue au cours du processus d'analyse des données. L'équipe de recherche n'a pu que spéculer sur ce que le résultat aurait été s'ils avaient prévu de collecter des données en groupes.
- Pour les enseignants, le temps imparti à la recherche était difficile à insérer au sein de leurs autres responsabilités. L'équipe de recherche avait beaucoup à faire avec les autres activités de l'école et de ce fait, le processus d'évaluation des données était lent. Avec les autres activités, cela a pris près de trois mois. L'idéal aurait été d'avoir au moins six mois pour un traitement et une analyse approfondis.
- Avoir deux intervieweurs s'est révélé plus efficace que d'en avoir seulement un.
- Il est important de procéder aux entrevues sur le territoire ou l'emplacement géographique des élèves plutôt que de les amener dans l'établissement (culture à contexte élevé).
- Il est important d'adapter le processus à la culture à contexte riche.
- Le processus d'entretien était trop formel et les participants l'ont trouvé intimidant. Pour surmonter cela, nous avons dû les mettre à l'aise en expliquant que le but de la recherche était le développement et l'amélioration du programme de formation du LBCS. Cette orientation claire les a aidés à évaluer leur expérience au LBCS avec objectivité. Une autre option aurait été d'employer une personne extérieure au LBCS pour conduire les entretiens. En raison du budget limité, le LBCS n'a pas pu adopter cette solution. Comme le contexte des entrevues était également important pour mettre les participants à l'aise, les entretiens ont eu lieu dans leur propre environnement afin qu'ils se sentent libres de communiquer au sujet de leurs expériences au LBCS pendant leur période d'étude.
- L'enregistrement audio des entretiens n'a pas été bien perçu par les personnes interviewées.
- Le processus de sélection des participants a garanti qu'hommes et femmes étaient choisis au même titre.
- Les participants devaient être choisis dans différentes régions du pays.
- Il était important de sélectionner des personnes qui pouvaient faire des contributions sincères, qui avaient la capacité d'analyser et d'évaluer leur expérience d'apprentissage au LBCS.
- Il est probable d'avoir plus de succès si les questions de l'entretien sont revues après une ou deux entrevues.

- Il était utile de sélectionner des participants de différentes régions et ethnies. Les origines géographiques et ethniques des participants n'ont pas été prises en compte lors du processus d'analyse. Les données ont révélé des réponses atypiques. Par exemple, l'église et la communauté avaient une meilleure relation avec la société dans certaines zones géographiques que dans d'autres. L'origine ethnique a également contribué à cela. Par exemple : dans les régions où les Tamils/Hindous étaient prédominants, il semblerait que la relation entre l'église et la société était meilleure. Les communautés où les Cinghalais/Bouddhistes étaient prédominants ne montraient pas de relation saine entre l'église et la société. Cette situation mérite des recherches approfondies qui pourraient en révéler les raisons et suggérer des propositions de changement d'attitude.
- Le processus de recherche était complexe mais limité en termes de délai. Ces limitations ont rendu difficile le retour aux participants pour obtenir des éclaircissements sur certaines de leurs réponses. Les données auraient été plus riches si les interviewés avaient été revus pour clarification.
- Pour cette raison, les facteurs liés au sexe des personnes interrogées ou à leur emplacement géographique n'ont pas été pris en compte dans le processus de recherche. Dans le processus d'analyse, la prise en compte du genre, de l'origine ethnique et de la localisation géographique peut apporter plus de clarté dans les résultats.

Le personnel non enseignant doit changer

Le programme de révision du cursus axée sur la recherche (RDCR) a été conduit auprès d'étudiants qui avaient reçu leur formation avant l'année 2010. Selon les données obtenues lors des entretiens, la RDCR était en lien direct avec d'autres facteurs au LBCS. Bien souvent, on suppose, du moins dans le contexte sri-lankais, que seuls les professeurs de l'institution dispensent la formation théologique aux étudiants et que le reste du personnel n'a aucun lien direct avec le programme de formation théologique ou n'y participe pas. Le processus et les résultats de la RDCR ont révélé l'importance du personnel non enseignant dans le processus de formation.

Pour les étudiants qui rejoignent l'institution, le but de la formation théologique en internat est de leur fournir une formation holistique – développement mental, physique, spirituel, émotionnel et social. Les programmes d'études de l'établissement ont des objectifs de cours bien définis en ce qui concerne le développement des domaines humains – cognitifs, affectifs et comportementaux (connaissances, attitudes et compétences). Le but de l'apprentissage d'un cours doit donc être d'apporter des changements positifs et des progrès dans ces trois domaines chez l'étudiant. Le processus de la RDCR a révélé qu'une telle formation doit être un effort collectif et collaboratif de la part du personnel enseignant et non enseignant. Les participants aux entrevues ont mentionné une incohérence entre l'enseignement qu'ils ont reçu et la façon dont il est mis en pratique dans le reste des départements de l'établissement.

Les étudiants ont relevé que certaines « attitudes » du personnel non enseignant étaient contraires à ce qui leur avait été enseigné en classe. Par exemple, la théorie de leadership qu'ils ont apprise en classe était contraire à certaines des « pratiques de leadership » qu'ils ont expérimentées au sein de l'institution. Ils ont observé « un manque de collaboration » entre les départements. Ils ont également observé une sorte d'« impolitesse » de la part de certains membres du personnel envers les stagiaires. En certaines occasions les étudiants ont éprouvé « un manque d'amour et de sollicitude » dans des questions en lien avec la discipline. Ils ont indiqué que certains membres du personnel non enseignant avaient besoin de formation pour améliorer « leurs attitudes, l'éthique du travail et leurs compétences sociales ». Quelques étudiants avaient été blessés par certains mots employés par le personnel non enseignant lorsqu'ils ont eu affaire à eux. Plusieurs incidents ont démontré un « manque de respect » d'un membre du personnel envers un autre. Cette expérience a amené les étudiants à s'interroger sur le fossé existant entre la théorie et la pratique.

Ainsi, le processus de RDCR a aidé l'institution à réfléchir à certaines de ces préoccupations non liées au cursus et à trouver des moyens d'améliorer les attitudes et le comportement du personnel. Ces préoccupations ont déjà été partagées avec le personnel et le corps enseignant. On observe déjà clairement des changements positifs et de l'amélioration dans ces domaines.

Questions pour la discussion

1. La transparence de l'auteur de ce chapitre en communiquant les domaines de changement requis au LBCS a permis une croissance significative de la qualité de l'école. La transparence et l'ouverture à la critique sont toujours un défi. Suggérez une ou deux façons de mieux promouvoir la transparence et l'ouverture d'esprit face aux critiques dans votre école.
2. La plus grande préoccupation soulevée par la recherche au LBCS était le désir d'une meilleure intégration entre la faculté et la société, la théorie et la pratique, le programme d'études et le ministère sur le terrain. Selon vous, dans quelle mesure ce genre d'intégration représente une préoccupation dans vos propres programmes ? Décrivez quelques façons dont votre école pourrait mieux promouvoir une intégration significative dans un ou plusieurs des domaines mentionnés.
3. Un deuxième problème majeur était la disparité observée entre la vie et l'enseignement chez certains membres du personnel. En conséquence, le LBCS a dû dispenser au personnel une formation ciblée pour mieux refléter les valeurs de l'école. Dans quelle mesure votre personnel se considère-t-il comme un exemple à travers ses attitudes et ses actes ? Comment votre école pourrait-elle mieux promouvoir un programme implicite positif à travers la façon dont l'administration, le personnel, le corps enseignant et les étudiants sont en relation les uns avec les autres ?
4. Avec le recul, le LBCS a constaté que les entretiens étaient trop formels. Selon vous, dans quelle mesure cela pourrait-il représenter un problème dans votre propre contexte local ? Y a-t-il d'autres facteurs culturels qu'il faudrait prendre en compte pour garantir que des données de qualité émergeront de la recherche sur le terrain auprès des anciens élèves, des églises et des leaders communautaires ? Si oui, lesquels ?

Section III

Les problèmes liés au changement

Si changer était chose facile, nous changerions, tout simplement.

La conférence de l'ICETE de 2015, ainsi que ce livre qui en découle, cherchent à favoriser le changement dans les écoles de théologie. Il est naturel qu'il y ait beaucoup d'objections et d'obstacles lorsque l'on s'embarque dans ce processus. C'est précisément dans cette section que nous allons soulever certaines de ces questions.

La section précédente a expliqué comment plusieurs écoles ont entamé des recherches sur leur contexte et sur les résultats et l'impact produits par leurs diplômés. Dans chaque cas, ces écoles ont dû surmonter bien des difficultés pour réaliser leur projet. Certaines des difficultés étaient liées aux partenaires, d'autres à la conduite de la recherche, d'autres à la conceptualisation d'un nouveau programme, et d'autres encore à la mise en œuvre des changements induits par la recherche.

Cette section tente d'aborder certains des aspects pratiques que les directeurs d'institutions théologiques devront prendre en compte quand ils évalueront la disposition au changement de leur institution, quand ils entreprendront la recherche nécessaire, et enfin quand ils concevront leur nouveau programme et mettront en œuvre des mesures en faveur du changement.

9

La conduite du changement

Le point de vue du doyen[1]

Élie Haddad
Doyen, Séminaire théologique baptiste arabe (ABTS), Liban

Le Séminaire théologique baptiste arabe (ABTS) est à présent connu pour être un lieu d'innovation et un laboratoire d'expérimentation d'idées nouvelles. Certains des principaux changements que nous avons récemment réalisés sont une révision complète du programme d'études et une évaluation de son efficience. Nous travaillons actuellement sur l'évaluation de l'efficacité.

Alors que nous réfléchissions à cette période de changement majeur, sachant que le changement est toujours difficile, le facteur le plus important qui a permis le changement à l'ABTS est le suivant : une culture qui a été entretenue pendant plusieurs années. Certains pensent que pour qu'une telle innovation ait lieu, le doyen doit être l'innovateur. Je crois que le rôle principal du doyen est de créer et d'entretenir un environnement et une culture qui encouragent l'innovation.

J'aimerais souligner, dans ce court chapitre, quels sont, à mon avis, les aspects les plus importants de la culture de l'ABTS qui ont rendu le changement possible, et les défis qui en ont résulté.

Une culture axée sur les valeurs

L'un des changements les plus importants qui a eu lieu à l'ABTS a été de prendre la décision consciente de développer et de nourrir une culture axée

1. Le contenu de ce chapitre a été présenté pour la première fois à l'institut OCI, Amman, le 12 mars 2015.

sur les valeurs : faire ce que nous croyons être juste plutôt que ce qui était traditionnellement fait. Les valeurs ont commencé à influencer nos décisions, nos processus décisionnels, nos structures et nos relations au niveau institutionnel. Ce phénomène s'est propagé jusque dans la salle de classe, et à tous les niveaux de l'ABTS.

Nous avons formulé des valeurs organisationnelles primordiales comme l'excellence, le dévouement désintéressé, l'intégrité, le respect, l'*empowerment*[2], l'interdépendance, l'attention centrée sur Dieu et l'intendance. Ces valeurs régissent notre fonctionnement et nos relations. De plus, nous avons établi des valeurs éducatives qui influencent notre programme d'études comme le culte authentique, le ministère missionnel, le leadership à l'image de Christ, l'habilitation, la pratique réfléchie, la cohésion communautaire et le développement personnel et spirituel. Ces valeurs éducatives sont intégrées dans chaque classe enseignée.

Les enjeux

Cette culture axée sur les valeurs a entraîné une série de défis. Le début était le plus difficile. Nous avons commencé à prendre des décisions basées sur nos valeurs sans savoir si elles produiraient un meilleur résultat. Il n'y avait aucun précédent auquel nous référer pour voir la vie institutionnelle sous cet éclairage, et nous n'avons pas pu trouver dans notre contexte un modèle qui nous permettrait de tirer des enseignements. Nous nous aventurions en terrain inconnu. Évidemment, les gens étaient sceptiques, tant à l'intérieur qu'à l'extérieur de l'institution. Ce n'est que lorsque cette culture a eu l'occasion de faire ses preuves que les gens ont fini par y croire, et l'ABTS est devenu une référence.

Cette culture nous a apporté un autre défi : elle s'avérait onéreuse. L'intégrité coûte cher dans un contexte culturel où les choses sont normalement faites de manière expéditive, en prenant quelques libertés avec la morale. Ce n'est pas seulement l'intégrité qui coûte cher. Notre système de valeurs nous a rapidement fait passer d'un système rigide à un système flexible pour répondre aux divers besoins de notre communauté. La flexibilité est également coûteuse.

De plus, une communauté axée sur l'éthique nécessite un minimum de valeurs partagées entre ses membres. Il devient impossible de travailler avec des personnes de la communauté qui ne partagent pas nos valeurs fondamentales.

2. N.d.T. : le fait de qualifier, d'habiliter ou d'autonomiser quelqu'un.

Membres de l'équipe de l'ABTS : Elie Haddad, Rupen Das, Perry Shaw

Les valeurs partagées sont devenues nos critères de recrutement du personnel et d'admission des étudiants.

Une culture axée sur la vision

Être axé sur la vision est l'un des aspects importants de notre culture à l'ABTS. Notre vision commence toujours par ce que nous, communauté, croyons que Dieu veut faire dans notre contexte. Dès lors, notre mission, c'est ce que nous croyons que Dieu nous appelle à faire pour accomplir cette vision. La mission de Dieu pour nous, telle que nous la comprenons, établit les critères sur lesquels nous nous basons pour l'évaluation. C'est ainsi que nous mesurons le succès et la fidélité. La philosophie de la vision et de la mission imprègne tout ce que nous faisons à l'ABTS, de la description de poste de chaque membre du personnel à chaque descriptif de cours. C'est un éclairage important qui nous sert à attirer et retenir les gens.

Les enjeux

La vision et la mission étant essentielles pour l'ABTS, il était important de pouvoir discerner la vision et la mission de Dieu pour nous en particulier. Puisque le discernement se produit en communauté de discussion, le défi consiste à être en mesure d'impliquer les bons partenaires dans ce processus de collaboration. Le deuxième défi consiste à savoir à quelle fréquence cette discussion devrait être revisitée, compte tenu de sa complexité.

Être à la fois animés par la vision et dirigés par les valeurs crée une tension, une tension entre des perspectives téléologiques et déontologiques. L'une s'occupe des fins et l'autre des moyens. Le défi consiste à naviguer dans la vie institutionnelle tout en considérant les deux perspectives, non pas comme mutuellement exclusives mais comme égales en importance.

Une culture d'*empowerment*

L'autonomisation, ou habilitation, est un aspect important dans une culture où l'innovation et le changement créatif peuvent avoir lieu. Elle entraîne une gestion et une prise de décision décentralisées, la liberté de penser de manière créative aux options d'amélioration. Une culture d'autonomisation attire et retient les leaders plutôt que les suiveurs, les penseurs critiques plutôt que les conformistes. Cela permet à chaque membre de l'institution de contribuer à la mission. Chacun peut s'exprimer et être entendu. L'autonomisation est accompagnée de responsabilité. Le personnel doit rendre des comptes sur les objectifs stratégiques plutôt que sur des tâches spécifiques.

Les enjeux

Lorsque la croissance de l'autonomisation et des responsabilités distribuées ne correspond pas à une solide structure de responsabilisation, cette autonomisation devient un handicap. Cela peut rapidement tourner à la discordance. Il doit y avoir un système clair qui assure que la responsabilité est assortie de la responsabilisation, et que les initiatives s'alignent avec l'orientation principale de l'institution.

Un autre défi inhérent à cette culture est la tendance à susciter des jeux de pouvoir au sein de l'institution. La dynamique du pouvoir doit être bien gérée dans cet environnement. De plus, les cadres supérieurs plus âgés peuvent avoir le sentiment de perdre le contrôle. Des décisions émergeront avec lesquelles les seniors parmi les cadres ne seront pas d'accord. Essayer de contrôler toutes les décisions va tuer l'esprit d'initiative. Le défi pour la direction est de savoir comment procéder.

Une culture de prise de risque

Aucune initiative ne peut être prise sans un élément de risque. Une culture de prise de risque encourage la créativité et l'innovation. L'ABTS est devenu un laboratoire d'expérimentation d'idées nouvelles. Nous ne pouvons pas être des pionniers et des précurseurs dans de nouveaux domaines éducatifs si nous ne sommes pas prêts à prendre des risques, sachant qu'un certain nombre d'idées échoueront. Une culture de prise de risque permet et soutient de nouvelles initiatives.

Les enjeux

Avancer en territoire inconnu comporte un risque inhérent d'échec. Le défi consiste à déterminer le niveau de risque que l'établissement est prêt à prendre, et à savoir quand mettre fin aux initiatives sans décourager l'esprit d'initiative.

Un autre défi consiste à être capable d'avancer avec beaucoup d'incertitudes. Cela nécessite un haut niveau de discernement pour pouvoir apporter rapidement des rectifications de trajet.

La collaboration est également un défi pour les institutions en cours de changement. Il est important de coopérer avec d'autres institutions partageant les mêmes idées : se réunir et trouver des synergies stratégiques peut ouvrir des voies. Cependant, pour que cela soit gérable, la collaboration doit avoir lieu entre les programmes ou systèmes traditionnels existants. Elle devient difficile lorsqu'une institution avance dans une nouvelle voie inexplorée.

Une culture d'amélioration en continu

Une culture d'amélioration continue est cruciale pour le changement. La maturité institutionnelle ne peut venir que du désir de continuer à s'améliorer, d'agir de façon plus efficace, en visant l'excellence. Si nous voulons que nos institutions demeurent pertinentes, nous devons être sensibles à nos réalités changeantes et à notre contexte évolutif. Nous devons être réceptifs aux retours et à l'évaluation réguliers. Le changement et l'amélioration continue coûtent cher. Cependant, ne pas changer peut encore coûter plus cher.

Les enjeux

Cette culture d'amélioration continue entraîne de nombreux défis. Cela peut apporter un sentiment d'instabilité à l'institution. Changer est difficile et changer continuellement est *extrêmement* difficile. Sans compter le risque que le changement ne devienne une vertu en soi. Dans ce cas, le défi est que le changement peut se produire dans l'intérêt du changement. On court le risque de voir les mêmes problèmes se répéter encore et encore.

Avec cette culture vient aussi le défi de l'évaluation. Si les choses changent continuellement et rapidement, comment savons-nous ce que nous évaluons ? Il est difficile, par exemple, d'évaluer l'efficacité de notre programme si celui-ci ne cesse de changer, si nous n'avons pas au moins quelques diplômés ayant suivi le même parcours.

Une culture de développement personnel et professionnel

Une culture de développement personnel et professionnel exige que l'institution soit toujours à l'affût d'un nouveau potentiel, qu'elle investisse dans le développement du personnel et qu'elle développe des leaders de l'intérieur. Le changement ne peut survenir que lorsque les membres du personnel sont préparés et équipés. Cela nécessite une réflexion stratégique et une planification de la relève.

Les enjeux

Le développement des personnes est coûteux, à la fois sur le plan financier et en temps requis. Il faut beaucoup de patience pour renforcer les capacités. Le défi consiste à trouver un équilibre entre les besoins immédiats de l'institution et les besoins futurs souhaités.

Une culture communautaire

Le changement ne peut pas être géré et conduit derrière des portes closes. Pour que l'institution reste efficace et pertinente, toute la communauté doit être impliquée. Une institution théologique existe pour servir la communauté de l'Église. Pour que le changement opère dans ce sens, la voix de la communauté doit être entendue. Le changement est un parcours communautaire et ne peut avoir lieu que grâce à l'adhésion et au soutien de la communauté.

Les enjeux

Pouvoir inclure la communauté dans toutes les discussions stratégiques devient coûteux et prend du temps. En outre, personne ne connaît le potentiel et les défis de l'institution aussi bien que son personnel et ses dirigeants. Il faut des compétences spécifiques pour écouter la communauté environnante et discerner les commentaires de valeur. Le défi consiste à développer ces compétences et à prendre le temps d'écouter.

Questions pour la discussion

1. Élie Haddad voit dans la création d'une culture axée sur les valeurs le point de départ de l'édification d'une organisation innovante. À votre avis, quelles sont les valeurs clés partagées dans votre organisation ? De quelle manière ces valeurs sont-elles clairement formulées ? Comment avez-vous cherché à encourager la communauté à partager ces valeurs ?

2. Décrivez un ou deux cas où les décisions de votre école étaient basées principalement sur l'opportunité financière plutôt que sur les valeurs. Compte tenu des ressources financières limitées de votre école, comment pensez-vous que ces situations auraient pu être gérées différemment ?
3. Élie Haddad considère la vision comme étant ce que nous croyons que Dieu veut faire dans notre contexte, et la mission comme la manière dont nous croyons que Dieu nous appelle à participer à l'accomplissement de cette vision. Prenez le temps de réfléchir aux déclarations de vision et de mission de votre organisation. Comment la compréhension de l'auteur de la vision et de la mission pourrait-elle informer vos propres conceptions ?
4. Comment cherchez-vous à appliquer la déclaration de vision et de mission de votre organisation et à en faire plus que de simples mots « couchés sur le papier » ? Dans quelle mesure ces déclarations sont-elles connues de vos administrateurs, membres du personnel, professeurs et étudiants ? De quelle manière avez-vous vu ces déclarations éclairer la prise de décision ?
5. Quels sont les principaux facteurs qui peuvent rendre problématiques l'autonomisation et la prise de risques dans votre organisation ? Décrivez un ou deux moyens par lesquels votre organisation promeut l'autonomisation et la prise de risques. Comment pourrait-on les renforcer ?
6. Promouvoir la croissance personnelle et l'amélioration organisationnelle continues est la clé pour une communauté en bonne santé. Décrivez quelques façons dont votre organisation facilite la croissance personnelle et l'amélioration organisationnelle. Donnez au moins une suggestion sur la façon dont cela pourrait être mieux fait.

10

Développer la bibliothèque : Quelle importance ?

Melody Mazuk
Consultante internationale en développement des bibliothèques théologiques, États-Unis

Ce n'est peut-être pas le titre auquel vous vous attendiez pour une introduction à la réflexion sur les principes et les pratiques qui guideront le développement des bibliothèques à l'avenir. Et pourtant, il semble que ce soit exactement la question que nous devrions nous poser : quelle est l'importance, selon nous, d'avoir une bibliothèque qui soutiendra les rêves et objectifs de la formation théologique ?

Quelques principes aideront à informer notre réflexion. Sans surprise, la question du développement de la bibliothèque ne peut être considérée isolément. Bien au contraire, elle doit faire partie d'une discussion plus ample qui englobera également le programme d'études, le corps enseignant et le lieu géographique. On ne le dira jamais assez, une communication claire, fiable et directe est extrêmement importante.

Principe 1 : Il est impossible de trop communiquer

L'une des premières actions pratiques qui puisse enrichir la bibliothèque sur le plan institutionnel est de clarifier quelles sont les personnes bénéficiant d'un pouvoir décisionnel. La bibliothèque a-t-elle un bon défenseur siégeant à la table décisionnelle ? S'il n'y a pas de bibliothécaire au sein de l'institution, ou si le bibliothécaire ne siège pas à la table décisionnelle, le défenseur de la bibliothèque a-t-il au moins des contacts réguliers et fiables avec la personne responsable des opérations de la bibliothèque au quotidien ?

Principe 2 : La bibliothèque sert à soutenir le cursus

Le programme d'études pour les diplômes actuels (et à venir) est un élément primordial à prendre en compte dans le développement de la bibliothèque. Ce n'est pas seulement le contenu du cursus qui doit être pris en compte, mais aussi son mode d'enseignement. Afin de développer des pratiques régulières et durables pour fournir un excellent soutien académique, la bibliothèque doit être informée des décisions relatives à l'emplacement géographique, à l'organisation et au format de prestation (voir le principe 1).

Principe 3 : Le contexte est primordial

L'édition n'a pas suivi le rythme face au déplacement de la densité de population dans le monde chrétien, et les bibliothèques n'ont pas été en mesure de suivre le rythme d'évolution dans l'édition.

Les bibliothécaires, les étudiants et les professeurs veulent être en mesure d'utiliser des documents qui sont contextuellement pertinents à leurs situations spécifiques. Cependant, la majorité des documents publiés est encore fortement occidentale. Souvent, pour ne pas dire toujours, le coût des livres imprimés est prohibitif, et les auteurs, tout comme le contenu des livres, reflètent leurs propres contextes occidentaux. Ce n'est pas une mauvaise littérature, mais la question de la pertinence ne peut être ignorée. Le développement de fonds de bibliothèques doit mettre l'accent sur la pertinence contextuelle.

La disponibilité et l'accessibilité des ressources numériques sont des sujets qui animent les conversations sur le développement des bibliothèques dans le monde entier. Il n'y a pas de réponse unique, exacte ou simple à la grande question : avons-nous encore besoin de bibliothèques ? Bien au contraire, cette question est complexe et y répondre conduira souvent à soulever plusieurs autres questions connexes. Par exemple, une bibliothèque devrait-elle s'abonner à un système de prêt électronique ou acheter des livres numériques individuels ? Et si des livres numériques individuels sont achetés, quelle plate-forme faut-il pour les lire ? Si un étudiant a un ordinateur mais pas d'accès à Internet, comment pourrait-il trouver, télécharger et lire des livres numériques et des articles de revues scientifiques ? Si un abonnement à une revue scientifique imprimée est annulé en faveur de l'accès à la revue via une base de données, que se passe-t-il lorsque la facture de l'abonnement électronique ne peut pas être payée ? Cet abonnement permet-il l'accès aux anciens numéros, ou seulement aux numéros actuels et à paraître ? Que se passe-t-il en cas de coupure de courant ? Lorsqu'un établissement élabore une politique concernant l'achat / le prêt / l'abonnement à des ressources électroniques, les principes 1 et 2 sont inestimables. Toutes les parties prenantes doivent être représentées équitablement.

Principe 4 : L'importance de la communauté

Développer une bibliothèque ou un fonds de bibliothèque est à la fois un défi et une opportunité. La possibilité de tirer parti des ressources grâce à la collaboration est au cœur du travail de bibliothèque. À l'heure où les institutions du monde entier se tournent vers des accords de partenariat, l'une des questions cruciales devrait être de savoir si les accords s'étendent à l'utilisation des bibliothèques. Et si c'est le cas, qui a le contrôle et la responsabilité d'adopter les accords bilatéraux d'utilisation de la bibliothèque ? Si ce n'est pas le cas, il serait sage de revoir les accords (Principes 2 et 3).

Le corps enseignant : les professeurs qui dispensent les cours sont-ils tous sur place ? Ou l'école compte-t-elle aussi sur des professeurs invités ? Si les professeurs invités font régulièrement partie du planning des cours, comment communiquent-ils à la bibliothèque les matériaux requis pour soutenir leurs cours ? Et si l'instructeur enseigne à distance, quels genres de services de bibliothèque sont nécessaires ? (Principes 1, 2 et 3).

L'emplacement : Si un ou des cours sont offerts physiquement à plus d'un endroit, peut-être par plus d'un enseignant, les (procédures de) décisions doivent être convenues quant aux livres ou autres documents mis à la disposition des étudiants sur place. (Principes 1 et 2).

Principe 5 : Soyez prêts à demander de l'aide

Il y a des personnes qui embrassent la bibliothéconomie comme une vocation et qui considèrent ce travail comme leur ministère. Elles sont souvent désireuses de servir de mentors et de travailler aux côtés ou avec les personnes qui ont été nommées / assignées au poste de bibliothécaire, que ce soit pour les former ou les guider. Ce sont souvent de très bons partenaires de dialogue lors des discussions sur la formation et la stabilité du personnel de la bibliothèque, ainsi que sur les questions plus générales concernant le développement des bibliothèques.

Jetons un coup d'œil à quelques exemples de certains de ces principes « en action ».

Le principe 1 (« il est impossible de trop communiquer ») ne semble pas particulièrement utile ou nécessaire aux responsables de la planification et de la pratique institutionnelles. En réalité, il est probablement le plus ignoré de ces principes alors qu'il pourrait facilement être le plus gratifiant. Les personnes sont l'essence même d'une institution et plus elles sont informées (étudiants, personnel et enseignants), plus elles sont susceptibles d'être pleinement et individuellement investies dans le bien-être de l'institution et d'en être de solides défenseurs et partisans. Mon frère aîné a un dicton préféré que nous autres, dans la famille, avons entendu tant de fois au cours des années qu'il est resté ancré en nous : « Un tien vaut mieux que deux tu l'auras[1] ». Mon père était plombier et mon frère est électricien. Pour tous deux, se préparer à l'imprévu au travail faisait toute la différence entre : pouvoir terminer la tâche et rétablir l'eau courante pour une famille, ou le chauffage et l'électricité dans la maison ; ou bien devoir laisser la tâche inachevée et revenir le jour suivant « après l'ouverture du magasin de pièces de rechange », quitte à coûter plus cher à l'infortunée famille, sans parler de la gêne occasionnée. Vous vous demandez peut-être : « quel est le rapport avec le principe 1 ? » Un bibliothécaire est constamment en première ligne avec les étudiants. Rien n'est plus décourageant pour lui, par exemple, que de découvrir de la part des étudiants eux-mêmes qu'un cours (ou un programme complet) est offert en ligne, plutôt que de l'apprendre directement du doyen et bien à l'avance (ceci est un exemple concret). Le personnel de la bibliothèque est mis devant le fait accompli et doit trouver les moyens de rendre le matériel nécessaire accessible aux étudiants, sans aucun financement supplémentaire ou personnel de soutien. Les principes 1, 2 et 3 viennent de se rejoindre dans ce seul exemple. « Un tien vaut mieux que deux tu l'auras » devient une devise d'actualité lorsque les documents imprimés ou électroniques requis pour les cours ne sont pas disponibles, juste parce que le personnel de la bibliothèque ignorait que ces documents seraient requis ailleurs que sur le campus. Si la bibliothèque avait un défenseur siégeant à la table décisionnelle pour communiquer clairement et régulièrement avec le personnel de bibliothèque, ni les étudiants ni les professeurs sur les sites d'enseignement à distance ne seraient désavantagés par un manque d'accès aux ressources de documentation. Le LBCS (voir chapitre 8) a participé au programme de révision des cursus et a déclaré que cela faisait

1. N.d.T. : « I'd rather be looking at it than looking for it » dans l'original.

partie de ses conclusions générales : la bibliothèque doit être accessible à partir des centres d'enseignement à distance et des domaines de ministère.

« La bibliothèque sert à soutenir le cursus » (principe 2) est un énoncé général qui fait figure de constat d'évidence. En réalité, cela semble tellement aller de soi que l'importance de la bibliothèque peut en être négligée dans les étapes de la planification universitaire. Bien des écoles aspirent à élargir leurs programmes d'études, et souvent l'administration va de l'avant dans ces plans sans se demander si la bibliothèque dispose de ressources adéquates et suffisantes pour soutenir le programme.

Un exemple intéressant du principe 2 peut être observé au Séminaire théologique baptiste nigérian (NBTS), qui enregistre un grand nombre d'inscriptions à ses programmes actuels. Selon leur doyen, ils ne disposent pas d'un fonds de bibliothèque adéquat et au niveau souhaitable pour soutenir leurs programmes existants. Lorsqu'on lui a demandé de quelle sorte d'aide en bibliothèque ils avaient besoin, il avait préparé une liste :

- Cinq cents nouveaux livres afin d'amener la bibliothèque au niveau requis pour soutenir leurs programmes *actuels* ;
- Une initiation à la classification de la Bibliothèque du Congrès ;
- Une formation interne pour que le personnel de la bibliothèque apprenne à cataloguer (classifier) en utilisant le système de la Bibliothèque du Congrès ;
- Une aide pour l'intégration de bibliothécaires qualifiés, mais qui n'ont aucune expérience théologique au sein d'une bibliothèque théologique.

Dans cet exemple, les deux principes 2 et 5 sont bien illustrés. Un doyen qui prouve à la fois son fort engagement et son intérêt pour la bibliothèque et qui reconnaît l'importance du fonds de bibliothèque dans le soutien des programmes d'études est un merveilleux défenseur. Un doyen qui anticipe et ne craint pas de demander de l'aide à l'extérieur pour la bibliothèque soutiendra son personnel de bibliothèque quand ce dernier demandera de l'aide et posera des questions (principe 5).

La communauté compte – en d'autres termes : emplacement, emplacement, emplacement !

Cette question d'emplacement a pris une importance accrue dans presque toutes les discussions concernant les bibliothèques, car l'explosion des ressources électroniques a tout bouleversé. Dans les réunions de planification institutionnelle, en particulier celles liées aux budgets, il est courant d'entendre des réflexions du genre : « Pourquoi avons-nous encore besoin d'une bibliothèque ? Tout est disponible en ligne ». Les bibliothécaires sont rarement invités à participer à la discussion, et quand ils le sont, leurs arguments sont rarement entendus. Margot Lyon, de l'American Theological Library Association, le rappelle régulièrement à tous : « gratuit ne veut pas dire sans coût ». L'accès aux ressources en ligne a un prix, même si les seuls coûts directs sont ceux liés à la mise en ligne : un ordinateur, un smartphone ou une tablette, plus le coût (d'abonnement) de l'accès à Internet. La disponibilité de l'accès s'étend chaque jour, mais il n'est en aucune façon abordable ou fiable dans toutes les parties du monde où la formation théologique est offerte. Beaucoup de documents théologiques disponibles gratuitement en ligne sont sans droits d'auteur, ce qui signifie généralement que le document est assez ancien et presque toujours écrit par des auteurs occidentaux, principalement blancs et masculins. En d'autres termes, les documents peuvent ne pas être contextuellement pertinents. Pour les ressources électroniques payantes (ATLAS, par exemple), le coût de mise en ligne et la vitesse de téléchargement sont également des considérations importantes. Le très innovant STEP de la Tyndale House (www.stepbible.org) est une ressource en ligne qui met à disposition, gratuitement, un bon logiciel d'étude biblique. Il peut être téléchargé sur Internet (si une bonne connexion est disponible) ou à partir d'une clé USB, que la Tyndale House fournit à titre gracieux.

À l'heure où les écoles commencent à explorer les possibilités d'ajouter des centres d'enseignement à distance ou d'offrir une partie ou la totalité de leurs programmes en ligne, ces principes et questions sur la bibliothèque peuvent enrichir et élargir la discussion.

Questions pour la discussion

Melody Mazuk propose cinq principes clés qui documentent le rôle de la bibliothèque dans la formation théologique. Prenez le temps de réfléchir à la façon dont chacun de ces principes pourrait avoir un impact sur votre propre école, en donnant une ou deux réponses clés à chacune des questions soulevées :

1. « Il est impossible de trop communiquer ». Dans votre école, qui est en charge de transmettre la valeur stratégique de la bibliothèque et ses besoins ? Décrivez un ou deux moyens par lesquels la communication concernant la bibliothèque pourrait être encouragée et améliorée.
2. « La bibliothèque sert à soutenir le cursus ». Quelle est la proportion des livres de votre bibliothèque en lien direct avec le contenu de

votre programme ? Comment pouvez-vous assurer le contrôle qualité continu de l'utilisation de la bibliothèque ?

3. « Le contexte est primordial ». De quelle manière cherchez-vous à faire accéder vos étudiants aux ressources produites localement ? Dans quelle mesure une bibliothèque électronique pourrait-elle convenir à votre école ? Comment priorisez-vous les acquisitions et les autres dépenses de bibliothèque pour maximiser la pertinence contextuelle ?
4. « La communauté compte ». Comment les professeurs sont-ils invités à participer aux décisions concernant la bibliothèque ? Quelles relations construisez-vous avec d'autres bibliothèques locales ou régionales, qui incluraient des accords bilatéraux d'utilisation des bibliothèques ?
5. « Soyez prêts à demander de l'aide ». Qui pourrait être disponible localement ou internationalement pour aider votre personnel de bibliothèque à développer ses compétences ?

En vous appuyant sur vos réponses à ces questions, suggérez deux ou trois actions clés que, selon vous, votre école devrait entreprendre dans les deux ou trois prochains mois afin de renforcer votre bibliothèque et la manière dont elle sert vos programmes d'études.

11

Notes pratiques sur le développement de cursus axé sur l'impact

Scott Cunningham
Président par intérim, Overseas Council, États-Unis

Dans ce chapitre, je voudrais souligner quelques sujets concernant le développement d'une école sur la base d'une évaluation de l'impact des ministères des diplômés de l'école.

1. Différentes manières d'évaluer une institution (par l'accréditation)

Un article de Daniel Aleshire décrit différentes approches de l'accréditation des institutions, lesquelles suivent généralement une progression chronologique[1] :

a) L'accréditation fondée sur les ressources (années 1960) : axée sur l'évaluation des ressources d'une école, c'est-à-dire les apports.
b) L'accréditation fondée sur la mission (années 1980) : Les ressources et les activités de l'école sont-elles suffisantes pour accomplir la mission de l'école ? Ici, l'attention n'est plus portée uniquement sur les ressources mais également sur les activités de l'école.
c) L'accréditation fondée sur l'évaluation (années 1990) : Le séminaire théologique était invité à démontrer comment il atteignait ses objectifs

1. Daniel O. Aleshire, « Fifty Years of Accrediting Theological Schools », *Theological Education* 49, no. 1, 2014.

éducatifs. Ici, l'accent était mis sur la production, en particulier sur l'apprentissage des étudiants.

Ce livre a pour objet de démontrer que l'évaluation juste d'une école va au-delà de l'évaluation des apports (ressources), des activités et du produit de l'école. Il nous faut aussi en évaluer les résultats et l'impact, tels qu'observés chez les diplômés. Cette orientation est cohérente avec ce que l'une – au moins – des agences de l'ICETE a déjà indiqué dans ses normes. L'Association pour l'Enseignement Théologique Chrétien en Afrique (ACTEA) déclare, dans ses normes : « L'institution devrait également développer des procédures pour mesurer les résultats pédagogiques en termes de réalisations réelles de ses diplômés, afin d'obtenir des données solides permettant d'évaluer la pertinence de ses objectifs et l'efficacité de son programme[2] ».

2. Pourquoi nous ne mettons pas l'accent sur les résultats et l'impact lors de l'accréditation et de l'évaluation de nos programmes

Il y a des raisons pour lesquelles nous avons généralement tendance à nous concentrer sur les ressources et les activités de notre école plutôt que sur les résultats des programmes de l'école. Ces raisons soulignent certes les difficultés rencontrées dans l'évaluation des résultats, mais nous ne devrions pas les voir comme des obstacles insurmontables.

a) Il est plus facile de dénombrer les contributions et les activités, car elles sont claires, définies, mesurables. La performance (le résultat et l'impact) est souvent moins claire, moins définie, moins « dénombrable ». Que peut-on mesurer au juste dans une église administrée aujourd'hui par un diplômé de l'école et qui pourrait montrer l'impact de la formation de l'école de théologie sur ce diplômé ?
b) Les indicateurs de résultat ne sont pas si clairs. Faut-il prendre en compte le nombre de personnes qui fréquentent l'église du diplômé ?
c) Les résultats prennent parfois du temps à émerger. Cela peut prendre des années avant que les diplômés ne commencent à démontrer tout ce qu'ils ont appris du programme, et même plus longtemps avant que les églises qu'ils administrent ne révèlent l'impact de leur ministère.

2. ACTEA, « Standards and Procedures for Accreditation at Post-Secondary Level », 1992.

d) Il faut du temps et de l'argent pour évaluer les résultats et l'impact.

e) Le problème de contrôle : nous contrôlons ce qui se passe dans l'institution (apports, activités, production), mais nous n'avons aucun contrôle sur ce qui se passe après que le diplômé a quitté l'école. Au-delà de la formation que le diplômé a reçue à l'école, il y a des facteurs externes qui influent sur les résultats. À titre d'exemple, le diplômé sert dans une église rurale qui est décimée par la migration économique et qui diminue rapidement en nombre.

f) Le problème de l'attribution : le succès de telle église administrée par tel diplômé peut-il être attribué à la formation que l'institution de formation a dispensée à ce même diplômé ? Dans presque la totalité des cas, les programmes de l'école n'ont qu'une influence partielle sur les résultats observés dans le ministère du diplômé. Des facteurs externes hors du contrôle du programme influencent les résultats. Cela s'applique particulièrement aux résultats à plus long terme (rappelons que cela peut prendre du temps avant que les églises ne changent sous l'influence du ministère d'un diplômé). De ce fait, la question qui se pose est de savoir dans quelle mesure les résultats du ministère des diplômés peuvent effectivement être attribués à la formation qu'ils ont reçue au séminaire ou devraient être attribués à d'autres facteurs.

g) Il est rare qu'il y ait une seule cause pour une performance ou un résultat particulier dans l'église, ou la communauté environnante de l'église. Il est bien plus probable qu'il y ait de nombreuses chaînes de cause à effet qui influencent et interagissent :
   - Un étudiant aurait pu réussir dans le ministère, quelle que soit la formation dispensée par l'école.
   - À quoi ressemblait l'église avant l'arrivée du diplômé et à quoi ressemble-t-elle aujourd'hui ? La différence (positive ou négative) peut-elle être attribuée au ministère du diplômé ou existe-t-il d'autres facteurs ?
   - Si la différence peut être attribuée au ministère du diplômé, quel est l'élément distinctif de ce ministère qui a provoqué ce résultat ? Et au sein de cet élément distinctif, combien peut être attribué à la formation du séminaire ? Et quelle est la partie de la formation, qui a particulièrement compté (quels cours, mentorat, etc.) ?

3. Ne nous contentons pas de définir les mécanismes d'évaluation mais réfléchissons également à notre manière d'évaluer

Les programmes des institutions théologiques devraient être développés selon le paradigme de la « conception à rebours ». Autrement dit, nous commençons le processus en ayant sa fin à l'esprit : Que voulons-nous accomplir ? Quels sont les résultats que nous voulons atteindre ? À partir de là, nous posons des questions sur les meilleurs moyens (activités et ressources nécessaires pour ces activités) pour aboutir à ces résultats.

a) *La performance et l'impact* : en concevant notre cursus, nous nous positionnons sur les performances que nous voulons obtenir comme résultat de notre programme au sein des églises et des organisations chrétiennes que nos diplômés vont diriger et influencer. Quelles sont les caractéristiques d'une église en bonne santé dans notre contexte ?
b) *Le produit* : Nous nous posons ensuite la question : Qu'est-ce que le diplômé doit avoir acquis comme qualités comportementales, savoirs et capacités pour faciliter la croissance d'églises ayant les caractéristiques définies plus haut ?
c) *Les activités* : Quel genre de programme d'études devons-nous concevoir pour former des leaders ayant ces caractéristiques ? (Le terme « programme d'études » est entendu ici dans son sens général, et englobe : quelles sont les personnes qui doivent être formées, comment et où sont-elles formées, qui les forme, etc. Il comprend le programme explicite, le programme extra-scolaire, le programme implicite et le programme non enseigné).
d) *Les apports* : Quelles sont les ressources nécessaires pour pouvoir offrir ce cursus ? C'est une erreur de commencer avec les apports et pourtant, c'est ainsi que le programme d'études est normalement conçu. C'est nous qui sommes responsables si nous concevons parfois le programme d'études en commençant par les ressources, par exemple : de quel ouvrage je dispose pour enseigner ce cours ?

4. Pourquoi il est si important de mettre l'accent sur l'évaluation de la performance

Bien que cela soit difficile à réaliser, il n'en demeure pas moins que l'évaluation ne doit plus se focaliser principalement sur les ressources et les activités, mais elle doit aussi mettre l'accent sur les résultats de nos programmes. Les raisons en sont nombreuses :

a) *Les écoles ne sont plus homogènes.* Elles présentent plus de diversité qu'autrefois dans les programmes, dans les objectifs, dans la manière de dispenser les cours. Ainsi, à programmes différents, des ressources et des activités différentes. Il ne s'agit pas d'une norme unique valable-pour-tous.
b) *Les choses que nous mesurons souvent ne produisent pas nécessairement des diplômés qui feront une différence positive dans l'Église.* Nous connaissons tous des diplômés qui ont réussi avec d'excellentes notes mais qui font de mauvais pasteurs. Nous connaissons tous des écoles qui disposent d'installations, de bibliothèques et de financements exceptionnels et d'enseignants ayant obtenu des doctorats, mais qui n'apportent pas de changement positif dans les communautés chrétiennes qu'elles sont censées servir (et ce n'est pas seulement leur théologie qui est en cause).
c) *Nous devons rendre compte aux parties prenantes des écoles de théologie.* Si vous démontrez de bons résultats, vous obtiendrez le soutien de vos partenaires. Les donateurs deviennent de plus en plus exigeants car ils veulent être sûrs que leur contribution financière produit un changement. De même, les églises veulent savoir qu'elles peuvent envoyer leurs étudiants avec l'assurance que l'école de théologie fournira le type de formation qui fera la différence dans l'église et la communauté. Les étudiants potentiels veulent être sûrs que le temps et l'argent qu'ils investissent dans leurs études leur permettront d'opérer des transformations dans leurs ministères. Les institutions théologiques sont des intendantes, à qui l'on confie des ressources, des étudiants et la mission de renforcer les églises.
d) *L'évaluation des résultats est le seul fondement de l'amélioration.*
    - Si vous n'évaluez pas les résultats, vous ne pouvez pas savoir si vous accomplissez votre mission. Vous ne serez pas en mesure de distinguer le succès de l'échec.
    - Si vous ne reconnaissez pas le succès, vous ne pouvez pas le renforcer.
    - Si vous ne reconnaissez pas le succès, vous ne pouvez pas en tirer de leçons.
    - Si vous ne reconnaissez pas l'échec, vous ne pouvez pas le corriger.

e) *C'est la seule façon de savoir si nous remplissons la mission de la formation théologique et de nos écoles.*

Considérons les déclarations de deux documents marquants pour la formation théologique évangélique :

> 5. L'évaluation permanente : [...] Nous devons considérer l'évaluation des résultats de nos programmes non comme un simple bénéfice mais comme un devoir, afin d'évaluer sur une base solide dans quelle mesure nos objectifs sont atteints. Cela demande la mise en place de moyens pour évaluer les compétences réelles de nos diplômes par rapport aux objectifs fixés[3].

L'appel de Chris Wright pour un « audit missionnel » des écoles a trouvé sa place dans l'Engagement du Cap :

> Nous exhortons vivement tous les centres et programmes d'enseignement théologique à faire un « audit » de leurs programmes éducatifs, structures et système de valeurs de manière à ce que ceux-ci servent véritablement aux besoins et aux ouvertures que rencontrent les Églises au sein de leur culture (CTC IIF 4C)[4].

Questions pour la discussion

1. En point 2, l'auteur énumère diverses raisons possibles pour lesquelles nous ne mettons pas l'accent sur les résultats et l'impact dans l'accréditation et dans l'évaluation de nos programmes.
   - Passez cette liste en revue élément par élément et notez à côté de chaque point si, pour votre école, vous pensez que le problème est (a) important ; (b) évident mais dans une moindre mesure ; ou (c) pas un problème.
   - Discutez de votre liste avec un ou plusieurs autres membres de votre communauté institutionnelle. Quels problèmes ressortent ?
   - Proposez au moins une stratégie possible pour surmonter les obstacles qui entravent une bonne focalisation sur les résultats et l'impact. Comment votre école pourrait-elle prendre des mesures pour adopter une approche plus saine de l'évaluation ?

---

3. « Manifeste pour le renouveau de l'enseignement théologique évangélique », http://www.icete-edu.org/manifesto/Manifesto_ICETE_FR.pdf.

4. Le mouvement de Lausanne, « l'Engagement du Cap », 2011. https://www.lausanne.org/fr/content/ctc/engagement-du-cap.

2. En point 3, l'auteur suggère que les résultats et l'impact devraient jouer un rôle primordial dans la façon dont nous développons nos programmes. Dans quelle mesure vos programmes actuels ont-ils été influencés par les résultats et l'impact, ou sont-ils davantage le produit des paradigmes traditionnels de la formation théologique ? Expliquez sur quoi vous fondez votre évaluation.
3. Pour que les écoles puissent aller de l'avant, il faut d'abord qu'il y ait une conviction partagée de mettre l'accent sur l'évaluation en fonction des résultats. Choisissez un ou plusieurs membres de votre communauté académique. Ensuite, prenez la liste que l'auteur donne au point 4 et utilisez-la comme point de départ pour expliquer aux autres en quoi l'évaluation de l'impact est cruciale pour que votre école soit fructueuse et fidèle à sa mission.

12

Une évaluation critique de l'impact

Marvin Oxenham
Chef de programme et développeur de formation postdoctorale en éducation, London School of Theology, Royaume-Uni

Distinguer entre différents types d'impact est un bon point de départ pour une évaluation critique du programme sur l'impact de la formation théologique. Nous avons, d'une part, un impact *instrumental*, qui peut être subdivisé par rapport à (a) l'apport et le produit, (b) l'impact sur l'Église et la société environnante et (c) l'impact lié aux compétences ; et, d'autre part, nous avons l'impact *intrinsèque*. La consultation C-15 de l'ICETE s'est principalement intéressée aux deux premières subdivisions de l'impact instrumental. Nous nous intéresserons ici aux deux derniers points, examinant d'abord l'impact instrumental lié aux compétences dans la vie des diplômés, et ensuite l'impact intrinsèque, qui nous oriente dans une direction complètement différente et loin des fins utilitaires, en affirmant que la formation théologique est intrinsèquement précieuse et ne doit pas être mesurée en termes de seule utilité missiologique.

L'impact lié aux compétences

Une des tendances générales de ces dernières années a consisté à étudier les compétences afin d'évaluer si les capacités développées par les étudiants dans les grandes écoles correspondent aux attentes des employeurs et à ce dont les diplômés ont besoin dans leurs domaines potentiels de travail. Les compétences pourraient certes finir par l'emporter sur le savoir[1] et la formation pourrait

1. Mulder, Weigel et Collins, « Concept of Competence », p. 67-88.

n'être envisagée qu'à des fins utilitaires[2], mais on ne peut nier que les réalités complexes auxquelles les diplômés sont confrontés aujourd'hui exigent non seulement un bon savoir mais aussi des compétences. Au cours des dernières décennies, les compétences sont devenues un concept clé dans l'Espace Européen de l'Enseignement Supérieur et constituent un élément central des documents officiels du processus de Bologne[3].

Un projet très important qui a directement inspiré cette proposition de recherche est le *2000 Tuning Project*, (le projet « Harmonisation des Structures Éducatives en Europe ») une consultation paneuropéenne impliquant plus de 7 000 personnes interrogées, 101 universités et seize pays, et comprenant des employeurs, des diplômés et des professeurs/enseignants universitaires. Ce projet visait à identifier les trente compétences les plus importantes que *tous* les programmes d'études dans *tous* les domaines de l'enseignement supérieur devraient développer chez les étudiants. La liste de ces compétences peut facilement être trouvée en ligne[4]. Elles comprennent la capacité à travailler en équipe, l'esprit d'initiative, la capacité à identifier et résoudre des problèmes, les capacités informatiques de base et la capacité de gestion de projets, pour n'en citer que quelques-unes.

L'évaluation de l'impact par les compétences présente au moins quatre avantages. Tout d'abord, elle représente une autre façon d'examiner l'*output* (le produit) dans la vie des étudiants qui va au-delà des connaissances et de la compréhension, lesquelles sont habituellement détectées grâce aux moyennes générales, à la production en recherche et aux relevés de notes. De plus, elle peut enrichir l'évaluation de l'*output* et la nuancer par les dimensions de la formation du caractère. En effet, de nombreuses compétences sont en réalité enracinées dans les vertus du caractère, ce qui ravive ainsi une ancienne tradition de formation du caractère, présente depuis la *paideia* et largement perdue par l'accréditation et la prise en otage de la formation théologique par l'érudition.

Ensuite, l'évaluation de l'impact par les compétences reflète aussi un engagement à écouter profondément la voix de la société que nous affirmons servir. En évaluant notre impact, nous devons en fait nous demander si la société

2. Teichler et Kehm, « Towards a New Understanding of the Relationships between Higher Education and Employment », *European Journal of Education* 30, no. 2, 1995, p. 115-132. JSTOR.

3. Mulder, Weigel, et Collins, « Concept of Competence »; Gonzales et Wagenaar, *Tuning Educational Structures in Europe – Final Report, Phase One*, 2003 ; Tuning Management Committee, *Tuning Educational Structures in Europe*, 2006.

4. Tuning Management Committee, *Educational Structures in Europe*, « Generic Competences », http://www.unideusto.org/tuningeu/competences/generic.html.

valorise réellement l'impact que nous essayons de produire ou si nous parlons un autre langage et reflétons des valeurs différentes. Le langage des compétences donne aux enseignants théologiques une « nouvelle paire d'yeux », qui provient de leur interaction théologique avec les catégories sociétales. Si, par exemple, la société nous dit qu'il lui faut des individus compétents dans la prise de décision, la résolution de problèmes et le travail en contexte international, nous pouvons démontrer un impact visible dans la société en prouvant que, grâce à notre apport éducatif, nos diplômés sont des personnes qui peuvent prendre des décisions, résoudre des problèmes et travailler dans des contextes internationaux.

Enfin, les compétences représentent un meilleur outil de mesure pour évaluer l'impact dans la société. L'une des principales questions soulevées par le programme d'impact est « Comment savoir avec certitude que la formation théologique a un impact sur la société ? » En effet, la contribution sociétale est problématique dans les méthodologies de mesure proposées. Les populations interrogées sur leurs impressions peuvent se tromper ou être conditionnées. Nos données indiquant si « la société s'améliore » à la suite de la formation théologique supposent l'existence d'une définition consensuelle de l'amélioration ; elles doivent examiner d'importantes variables pour savoir si c'est la formation théologique qui a déterminé l'amélioration et non d'autres éléments ; enfin, elles doivent prendre en compte l'existence de facteurs contraignants et de contextes débilitants.

En reliant l'impact dans l'Église et la société à la formation théologique, on peut aussi avoir une vision moderniste basée sur une ontologie mécaniste de la réalité qui opère en arrière-plan. Cela peut mener à la supposition (contestable) que si nous avons le bon programme, nous obtiendrons toujours des résultats dans la société. Mais dans un monde déchu, ce n'est peut-être pas si simple. L'évaluation des compétences est un outil d'impact plus réaliste par lequel nous mesurons l'impact de la formation sur la personne et sur sa manière de voir ce dont la société a besoin, plutôt que de mesurer l'impact réel dans la société. Ainsi, par exemple, nous nous rendons compte que, dans une communauté qui a besoin de générer de nouvelles idées et de résoudre des problèmes, il est possible que nous ne puissions pas établir si cette communauté a vraiment développé cette capacité et si les diplômés en formation théologique ont vraiment fait une différence ; mais ce que nous pouvons évaluer est le degré d'importance de cette capacité aux yeux de la communauté et dans quelle mesure cette capacité est le fruit, chez nos diplômés, de leur formation théologique. L'évaluation des compétences s'avère donc plus modeste car elle ne permet pas de mesurer réellement le changement, mais se satisfait de la production de cursus et de diplômés qui correspondent bien aux compétences requises dans les sociétés actuelles. Si évaluer les ressources, les apports et le produit demeure insuffisant, évaluer l'impact sur la société peut s'avérer trop ambitieux. Le juste milieu consisterait à évaluer l'impact sur les compétences.

Il existe de nombreuses façons de mesurer l'impact des compétences en formation théologique et il n'est pas possible de les énumérer toutes ici, ou d'aller plus loin qu'une suggestion initiale de trois approches possibles. La première consiste à interroger les diplômés au moment de l'obtention du diplôme, en leur demandant de comparer leurs compétences à l'entrée et à la sortie, ce qui, une fois corrélé, permettra d'évaluer si et dans quels domaines la formation a fait une différence. Une deuxième approche possible consiste à interroger les diplômés, quelques années après l'obtention de leur diplôme, sur leurs compétences développées à l'école par rapport à celles dont ils ont réellement besoin dans la vie, la société et le travail. Cela permettra d'évaluer si la formation théologique produit le bon type d'impact. La troisième approche, et la plus complexe, consiste à corréler les enquêtes auprès des diplômés, des universitaires et des employeurs pour avoir une vision claire des compétences surdéveloppées et sous-développées, ainsi que des différentes perceptions et priorités entre les universitaires et les employeurs.

L'impact intrinsèque et non-utilitaire

Dans cette deuxième section, je souhaite démontrer que l'impact instrumental, quelle que soit la façon dont il est déterminé, demeure une méthode de mesure insuffisante pour la formation théologique et que l'impact intrinsèque y mérite une place, dans la mesure où cette optique considère que l'engagement dans la théologie est une bonne chose en soi. Je mentionnerai brièvement un débat contemporain, puis je fournirai matière à un débat déontologique, citerai une source primaire ancienne et une source primaire contemporaine, et enfin, je conclurai par un récit biblique.

Commençons par le débat contemporain. Une discussion fait rage en ce moment dans l'enseignement supérieur au Royaume-Uni, du fait qu'en 2014, le REF (*Research Excellence Framework*, ou cadre référentiel d'excellence en recherche), responsable du financement de la recherche dans l'enseignement supérieur incluait « l'impact » comme élément significatif des critères du cadre référentiel. En bref, le type de recherche qui est le plus susceptible d'être financé et catalogué comme « excellent » est la recherche qui a un impact positif sur la société et l'économie. Les débats ont porté sur l'extrême complexité de mesurer l'impact réel de la recherche, sur la discrimination entre les disciplines, la minimisation de l'importance du travail exploratoire et théorique et le risque d'accorder de la priorité au travail de qualité inférieure. Tout cela pour dire que l'évaluation utilitariste de l'éducation s'inscrit dans un débat bien plus large et sujet à controverse.

Mon argumentation déontologique s'appuie sur des théories éthiques visant à trouver des réponses à la question suivante : qu'est-ce qui fait de la formation théologique « une bonne chose » et qui a de la valeur ? Deux théories principales nous aideront : la première est l'utilitarisme et la seconde la déontologie. Un jugement utilitariste et instrumental de la formation théologique affirmera que cette formation (comme tout autre objet d'action) a de la valeur si elle est utile. L'éducation théologique est donc bonne si elle mène à une société meilleure, si elle rend le monde meilleur et si elle sert les objectifs de prospérité, d'utilité et d'aptitude à l'emploi. Les utilitaristes typiques incluraient aussi le bonheur personnel, le plaisir et le bien-être en tant que mesures du bien, mais nous autres évangéliques, avons tendance à nous en abstenir et préférons les mesures missiologiques. Une question se pose ici : nos engagements missiologiques limitent-ils notre vision de la formation théologique à un ensemble de jugements strictement utilitaires ? Si nous examinons les déclarations de mission de nos écoles, elles visent à transformer l'Église et la société, à faire avancer le royaume de Dieu, à servir et à former les leaders. Mais que sommes-nous vraiment en train de dire ? Sommes-nous en train de dire que ce qui vaut la peine est seulement ce qui sert les autres et le monde, et que même les domaines comme la formation spirituelle, qui peuvent bénéficier à nos étudiants pendant leurs études, ne sont que des instruments au profit apparent de l'Église et du monde ? S'il en est ainsi, il semble alors que la formation théologique est devenue une élégante marchandise sur le marché du service chrétien où le PIB missiologique du royaume est le principal paramètre d'évaluation.

Quelque chose manque dans cette image et devient évident quand nous adoptons une perspective déontologique qui lie le bien au devoir (la racine est « *deon* », qui signifie : « on doit »). Ce point de vue suggère qu'éduquer théologiquement est un devoir parce que c'est juste et par conséquent, c'est bien, nonobstant si cela conduit à une société meilleure, à rendre le monde meilleur ou à atteindre un quelconque but majeur. La formation théologique est tout simplement la bonne chose à faire dans ce monde, car elle s'enracine dans l'ontologie et la relation respectueuse entre les êtres humains, avec un esprit rationnel et un esprit ouvert, révélant un Dieu qui désire être connu. Comme nous le rappelle Kelsey, la formation théologique concerne essentiellement la théologie – la compréhension de Dieu[5]. Parmi les différentes propositions de Kelsey sur ce que cela signifie de comprendre Dieu, la voie du recueillement, dans laquelle l'accomplissement de la vie humaine est désengagé de toute vie politique et de toute contemplation de la « réalité », est peut-être celle que la plupart d'entre nous promouvraient dans nos écoles théologiques. La contemplation et la connaissance de Dieu semblent ainsi dépourvues de toute utilisation instrumentale et occupent une place importante comme devoirs fondamentaux de l'être créé.

L'impact intrinsèque, la contemplation et la connaissance de Dieu comme devoirs fondamentaux remettent en question la hiérarchie entre la théorie et la compréhension pratique et productive, et nous nous tournons ici vers une source ancienne et précisément vers Aristote. En réalité, on ne peut pas en dire assez de l'influence d'Aristote sur la forme de l'éducation en Europe : son Lycée était destiné à devenir le modèle principal du système éducatif en Grèce et à Rome, et plus tard celui des universités européennes médiévales, qui à leur tour ont servi de modèles à un grand nombre d'institutions théologiques. Le programme du Lycée d'Aristote comportait une hiérarchie disciplinaire rigide, Aristote classant les connaissances en fonction de trois sciences : *théorique, pratique* et *poïétique*[6]. Parmi celles-ci, les sciences *théoriques* se classaient au sommet car elles concernaient la pure contemplation de la vérité, qui incluait la métaphysique, la physique et les mathématiques (il est important de noter que la physique et les mathématiques étaient étudiées en tant que réalité harmonieuse à contempler, sans relations pratiques avec la vie). Les sciences *pratiques*, et nommément l'éthique et la politique, se classaient au deuxième rang comme savoirs qui pouvaient guider l'action humaine, et les sciences *poïétiques* venaient au dernier rang, parce qu'elles représentaient les disciplines les plus éloignées de la contemplation et les plus proches des préoccupations concrètes de la vie. Cette hiérarchie repose sur la question fondamentale de l'identité humaine[7], dont Aristote affirmait que la caractéristique la plus distinctive des êtres humains était leur âme rationnelle. Il s'ensuit que si la rationalité est ce qui différencie les êtres humains des animaux, l'amour de la connaissance et la recherche de la vérité sont les fonctions les plus élevées de la vie humaine. Ce syllogisme de base explique pourquoi les connaissances théoriques sont au premier plan du programme d'études d'Aristote et pourquoi le souci premier de l'éducation était

5. David H. Kelsey, *To Understand God Truly: What's Theological about a Theological School*, Louisville, Westminster/John Knox, 1992, p. 35.
6. Trombino, *La Filosofia Greca Arcaica e Classica*, Bologna, Poseidonia, 1997, p. 336.
7. Dans *Protrepticus* le jeune Aristote expose une position anthropologique qui finira par influencer profondément Cicéron, Augustin et de nombreux penseurs modernes.

la contemplation rationnelle et non l'acquisition de connaissances scientifiques[8]. Pour Aristote, apprendre n'était donc pas un moyen utilitaire mais une activité de valeur intrinsèque qui conduisait à l'eudémonisme – la joie de l'être humain. Selon Aristote, plus on s'isole dans la théorie métaphysique, plus on est humain. Aspirer à la vérité pour l'amour de la vérité, sans autres motivations extérieures à la vérité, est la finalité, « ce qui est toujours désirable en soi et jamais pour autre chose[9] ». L'éducation théorique, selon Aristote, conduira au bonheur parce qu'elle est désirable en elle-même et peut être vue comme « une finalité sans réserve ». En appliquant ce principe à la formation théologique, on conclurait que *contempler* Dieu est plus important que *servir* Dieu.

Nous passons finalement et brièvement à une source contemporaine présentant la taxonomie des objectifs éducatifs existants : *Educating for Shalom* [Éduquer en vue de *Shalom*] par Nicholas Wolterstorff[10]. Ce qu'il écrit n'est pas spécifiquement lié à la formation théologique mais on peut facilement faire le lien et voir que, sur ses six objectifs, trois pourraient être classés comme utilitaires et trois comme intrinsèques. Parmi les objectifs utilitaires, nous trouvons le *modèle de service chrétien*, dans lequel nous formons les étudiants à entrer dans le service chrétien ; le *modèle de socialisation*, dans lequel nous formons les étudiants (en particulier les pauvres parmi eux) à contribuer à l'utilitaire et au bien-être des nations et des communautés ; et le modèle de *Shalom* de Wolterstorff, dans lequel nous provoquons, nourrissons et équipons les étudiants pour aborder les blessures de l'humanité dans une vision prophétique du *shalom* (de la paix). Les trois objectifs intrinsèques généraux incluent le *modèle humaniste chrétien*, dans lequel nous initions les étudiants au patrimoine culturel de l'humanité pour les faire prospérer ; le *modèle de mûrissement*, dans lequel nous créons des espaces libres où les étudiants peuvent découvrir et devenir des individus non-endoctrinés ; et le *modèle de discipline universitaire*, dans lequel nous présentons aux étudiants une connaissance théorique objective des rouages du monde et remplissons ainsi un mandat culturel. Notre propos n'est pas d'examiner

8. Platon a également privilégié la philosophie (dialectique) comme étude suprême, suivie de l'étude des sciences qui provoquerait la réflexion et conduirait au monde idéal, et enfin, par l'entraînement du corps. L'ordre chronologique était important pour Platon, à commencer par la formation physique des enfants, la formation aux sciences pour les jeunes et, enfin, la formation à la dialectique. La progression d'un niveau à l'autre était sujette à la distinction de caractère et d'esprit, ainsi qu'à l'aptitude aux études supérieures.

9. Aristote, *Nicomachean Ethics*, dans B. Jowett, sous dir., *The Works of Plato & Aristotle – 35 Works*, C&C Web Press, 2009, Book I, 7. Ebook.

10. N. Wolterstorff, *Educating for Shalom: Essays on Christian Higher Education*, Cambridge, Eerdmans, 2004, édition Kindle.

ici chacun de ces modèles, ni de les appliquer à la formation théologique en particulier, mais la taxonomie en elle-même fait valoir un point, à savoir que l'horizon d'évaluation est plus large que les modèles simples de mesure utilitaire.

Que devrions-nous donc conclure ? Devrions-nous essayer de déterminer lequel des modèles de Wolterstorff est le bon ? Devons-nous remettre en question Aristote pour déterminer si la théorie a vraiment plus de valeur que la pratique et l'impact sociétal ? Devrions-nous privilégier la déontologie et le devoir de connaître Dieu plutôt que de rendre service à notre prochain ? Faut-il déconsidérer tout plan d'impact utilitaire et favoriser les valeurs intrinsèques, au risque de devenir autoréférentiel et sans rapport avec notre monde ? Le récit biblique bien connu de Marthe et Marie avec Jésus, que l'on trouve dans Luc 10, fournit un bon cadre pour ces questions. Nous avons ici deux femmes, l'une active et l'autre contemplative ; la première cherche peut-être l'impact utilitaire et l'autre, l'impact intrinsèque. Laquelle de ces deux femmes a « raison » ? Les deux femmes avaient raison, car toutes deux aimaient Jésus. Bien que, pour être juste, le poids du récit ait donné gain de cause à Marie, nous devons être prudents avant de transformer ce récit en normatif, car Jésus répond à la plainte de Marthe sur la base de son jugement erroné des priorités, ce qui fait que, paradoxalement, les priorités de Marthe améliorent la valeur de l'approche de Marie. Nous aurions cependant du mal à soutenir que les Écritures ont normativement ce genre de hiérarchie (ou n'importe quelle hiérarchie, en fait). Nous avons tout simplement les deux. Tout comme la consultation C-15 de l'ICETE sur l'impact de la formation théologique a été en grande partie une « conférence de Marthe » se concentrant sur l'impact utilitaire, ceci est un « article de Marie » qui nous remet en mémoire la profondeur et la largeur de nos horizons.

Questions pour la discussion

Ce chapitre se concentre sur deux domaines qui n'ont pas fait l'objet d'attention ailleurs dans le projet de l'évaluation de l'impact : les compétences utilitaires et la valeur intrinsèque. Les deux domaines sont pourtant importants.

1. Comment les aspects « utilitaire » et « intrinsèque » de la formation peuvent-ils être considérés comme complémentaires dans la formation théologique ?
2. Dressez une liste des compétences que vous jugez appropriées pour votre/vos propre/s programme/s d'études. Comparez votre liste avec celles des autres membres de votre communauté universitaire.
3. Considérez les moyens suggérés pour évaluer les compétences qui sont données dans le dernier paragraphe de la première section. À votre avis, dans laquelle de ces approches votre école réussit-elle bien ? Suggérez une (ou plus d'une) meilleure façon d'évaluer les compétences de vos programmes.
4. De quelle manière et dans quelle mesure croyez-vous que les aspects « intrinsèques » sont évidents dans l'approche de votre école envers la formation théologique ? Comment la paix (*Shalom*) est-elle entretenue chez vos étudiants et à travers eux ?

13

Culture, communication et recherche sur l'impact

Perry Shaw
Professeur en sciences de l'éducation,
Séminaire théologique baptiste arabe (ABTS), Liban

L'une des caractéristiques les plus novatrices du récent projet d'évaluation piloté par l'Overseas Council a été la diversité des contextes culturels dans lesquels le travail a été effectué. Comme la recherche a été réalisée au niveau local et par des dirigeants locaux, un large éventail d'approches a été adopté. Chaque approche, à sa manière, a réussi à obtenir des informations significatives qui ont pu aider à la refonte des programmes. Cette diversité met l'accent sur un principe essentiel : une recherche pertinente sur l'impact doit s'imprégner de la culture locale.

La supposition inexprimée, et même souvent inconsciente, que l'Occident est plus performant et plus normatif, se trouve dans l'importance accordée par de nombreuses organisations internationales occidentales aux indicateurs mesurables et à la recherche quantitative – liés au financement dans certains cas. Souvent, ces organisations offrent leurs services en amenant un groupe de recherche occidental dans un contexte non occidental. Les très nombreuses données et résultats numériques générés peuvent sembler impressionnants mais, en réalité, ils sont souvent vides de sens, parce que l'absence de prise en compte des facteurs culturels les a dénués de sens. Quand une institution théologique mène sa propre recherche sur l'impact, elle doit choisir les méthodes qui donnent le meilleur résultat en fonction du contexte.

La communication à contexte « riche » et à contexte « pauvre »

Comprendre la relation entre la culture et la méthodologie de recherche consiste à comprendre la différence fondamentale entre les manières dont les personnes communiquent. Pour naviguer au sein des multiples facteurs qui influencent les modes de communication, il est utile de faire la distinction entre ce que l'on appelle la communication à contexte « riche » (CCR) et la communication à contexte « pauvre » (CCP).

Les termes « contexte riche » et « contexte pauvre » se rapportent à la mesure dans laquelle le sens de ce que l'on dit est ancré dans le contexte culturel, et ne provient pas seulement des termes utilisés. Dans les cultures à CCR, le contexte est primordial. Les mots ne sont pas considérés comme le principal moyen de communication. C'est plutôt le contexte dans lequel les mots sont prononcés – ou plus particulièrement la composante non verbale – qui délivre le message. Dans les cultures à CCP, le contexte culturel a beaucoup moins d'importance. Le sens du message est principalement transmis par les mots prononcés. Vous dites ce que vous voulez dire, et la clarté dans l'expression est considérée comme une grande vertu.

L'histoire suivante, légèrement adaptée de l'histoire réelle, illustre la différence entre les cultures de communication à contexte riche (ou communication indirecte) et de communication à contexte pauvre (ou communication directe).

> Dans une école biblique occidentale, des étudiants arrivaient du monde entier. Un jour, deux jeunes femmes – l'une venant de Chine (Chen Su) et l'autre des Pays-Bas (Cornelia) – furent amenées à partager une chambre. Une semaine plus tard, les deux étudiantes se rendirent chez l'aumônière auprès des femmes de l'école pour demander à être placées ailleurs. « Chen Su est une menteuse invétérée », déclara Cornelia. « Elle ne répond jamais à mes questions, sourit toujours et dit que tout va bien alors que je sais que certaines choses que je fais l'irritent. Je lui dis ouvertement quand elle m'énerve, mais elle refuse d'en faire de même – pourquoi ne peut-elle pas me le dire ouvertement ? ». Chen Su, de son côté, déclara à l'aumônière : « Cornelia me déteste. Il semble que tout ce que je fais ne va pas, et elle est si directe. Je l'écoute et j'essaye de faire des efforts, mais ce n'est jamais assez bien. Et quand je dis que certaines choses pourraient être difficiles à faire, elle ne réalise

pas que c'est ma façon de dire "non" : je ne peux pas le lui dire directement – ce serait tellement agressif et offensif ».

Cette histoire illustre bien comment les personnes venant de cultures à contexte riche peuvent souvent considérer leurs interlocuteurs venant de cultures à contexte pauvre comme agressifs, insensibles et impolis. Et inversement, les locuteurs de cultures à CCP peuvent souvent considérer les interlocuteurs de cultures à CCR comme trompeurs et incompréhensibles.

Le tableau suivant liste quelques-unes des différences essentielles entre les sociétés à CCR et à CCP[1] :

	Communication à contexte riche (CCR)	*Communication à contexte pauvre (CCP)*
Lieu de l'information	La plupart des informations sont contenues dans le langage physique de la personne ou sont intériorisées	La plupart des informations sont contenues dans les mots prononcés
Quantité d'information communiquée	Les locuteurs préfèrent fournir le moins d'information possible, et les auditeurs devraient pouvoir déduire le sens et l'intention	Les locuteurs visent à ne pas donner plus ou moins d'informations que nécessaire
Manque de précision et ambiguïté	Les locuteurs ont tendance à utiliser l'ambiguïté comme moyen de communication	Les locuteurs s'efforcent d'éviter les expressions équivoques, l'ambiguïté, la verbosité excessive et la désorganisation
Précision dans la communication verbale	Tend à être imprécise	Tend à être précise
Type de vocabulaire utilisé	Utilisation de termes modérateurs comme « peut-être », « c'est possible » et « probablement »	Utilisation de termes catégoriques comme « certainement », « absolument » et « positivement »
Relation entre la communication et les sentiments	On s'attend à ce que les locuteurs communiquent de façon à maintenir l'harmonie dans leurs groupes, même s'ils doivent pour cela communiquer des messages non conformes à leurs vrais sentiments	On s'attend à ce que les locuteurs communiquent leurs vrais sentiments

1. Tableau adapté de W. B. Gudykunst, « Individualistic and Collectivistic Perspectives on Communication », *International Journal of Intercultural Relations* 22, no. 2, 1998, p. 107-134.

	Communication à contexte riche (CCR)	*Communication à contexte pauvre (CCP)*
Silence	Le silence est un acte communicatif plutôt qu'un simple vide de communication	Il faut combler le silence
Gérer le conflit	Susceptible d'adopter une attitude indirecte et de non confrontation face au conflit	Susceptible d'adopter une attitude de confrontation et directe face au conflit

Il y a deux types de CCR : élaborée et succincte. Dans les cultures à CCR élaborée (par ex. celle du Moyen-Orient), il y a beaucoup de discussions, dont la plupart sont conçues pour affirmer l'autre et établir une relation. Prenons le cas d'un désaccord entre deux Arabes au sujet du coût de la peinture d'un appartement. L'objet des premières quarante-cinq minutes de la discussion a consisté, pour le propriétaire, à expliquer au locataire toutes les raisons pour lesquelles sa famille était la meilleure locataire de l'appartement, et pour le locataire, à affirmer que le propriétaire était le meilleur que sa famille ait jamais eu. Puis il y a eu trois minutes au cours desquelles le propriétaire a déclaré : « Nous vous apprécions tellement qu'il n'y a pas besoin de payer quoi que ce soit, car qu'est-ce que 600 dollars entre amis ? », et le locataire a remercié le propriétaire pour sa générosité. Les deux hommes ont ensuite passé quinze minutes ensemble, buvant un café et s'affirmant l'un et l'autre, sachant tous deux que le prix convenu était de 600 dollars. Beaucoup de discussions – avec seulement quelques phrases dans lesquelles la substance de la réunion a été communiquée. Établir la relation par la discussion était plus important que la gestion des affaires.

Les Asiatiques de l'Est, par contre, ont souvent une CCR succincte : c'est dans la forme et le bon moment du silence qu'une grande partie de la communication a lieu. Très souvent, la personne qui dispose du plus grand pouvoir de décision est celle qui parle le moins, et l'essence de la communication peut venir d'un léger signe de tête de la part du principal fondé de pouvoir. Dans toutes les formes de cultures à CCR, le territoire est essentiel : la personne chez qui la communication a lieu dispose du plus grand pouvoir.

Dans chacune des cultures à CCR et CCP, les personnes issues d'une seule culture peuvent facilement mal interpréter l'intention et la nature de l'autre. De ce fait, il m'est arrivé d'entendre des Occidentaux dire que les Arabes étaient « menteurs » parce qu'ils disent une chose lorsqu'ils veulent en dire une autre. De même, j'ai également entendu des Arabes décrire les Occidentaux comme impolis, arrogants et blessants parce qu'ils ne témoignent pas des honneurs et du respect appropriés envers les autres, et que leurs discours abrupts détruisent les relations. Dans chaque cas, la perception s'ancre dans la mesure du style de communication d'autrui sur la base du sien propre.

Dans la mesure où les Écritures ont été rédigées dans la culture à CCR du Moyen-Orient, il n'est pas surprenant qu'il y ait une prédominance évidente des styles de CCR dans la Bible. Mais il est frappant qu'il y ait aussi un appel à une plus grande clarté dans le discours que la norme dans les situations de CCR : « Que votre parole soit "oui" pour oui… » (Mt 5.37). Cela dit, ni la CCR ni la CCP ne peuvent être considérées comme plus « bibliques » l'une que l'autre. Chacune a ses forces et ses faiblesses, reflétant à la fois le caractère de Dieu et la Chute.

Contexte, communication et utilisation de la recherche qualitative et quantitative

Dans les situations de CCR, les instruments de mesure et la recherche quantitative ont un sens et une valeur limités, et les moyens qualitatifs pour évaluer l'impact sont préférables.

Si un Occidental s'installe dans un contexte oriental, l'Oriental fera tout ce qui est en son pouvoir pour plaire à l'Occidental. Par conséquent, et en particulier dans le cas de sondages, les chiffres fourniront presque inévitablement un portrait flatteur du programme évalué, nonobstant ce que les participants pensent réellement. Il m'est arrivé plus d'une fois de voir des programmes occidentaux de ministère arriver en Orient, concluant par une enquête d'évaluation dont les résultats sont pris au pied de la lettre par les dirigeants occidentaux. Ces derniers ratent ainsi les indices et les connotations importantes indiquant une évaluation très négative.

En général, la recherche qualitative par le biais d'entretiens en personne est de loin plus efficace dans les situations de CCR. En raison des styles de communication uniques propres à chaque contexte culturel, les données significatives ne peuvent émerger que si le style de la recherche et les processus d'analyse des données sont pris en charge par les locaux.

Dans le projet d'évaluation de l'Overseas Council, la nature locale de la recherche de qualité a été observée à plusieurs reprises. Le contraste le plus flagrant dans le projet fut sans doute observé dans le travail effectué en Argentine et celui accompli au Sri Lanka. Dans le cadre culturel de l'Argentine, qui a une communication à contexte relativement « pauvre », l'utilisation prédominante d'enquêtes quantitatives était extrêmement appropriée, produisant des données statistiques qui permirent d'élaborer des actions significatives et pertinentes.

En revanche, le contexte culturel du Sri Lanka est celui de la communication à contexte « riche », en particulier dans les communautés rurales et largement orales servies par la majorité des diplômés du LBCS. Dans un tel contexte, les sondages quantitatifs n'auraient pas eu de sens – même s'il était quand même possible d'obtenir des réponses à l'enquête. Avec sagesse, le LBCS a choisi une approche qualitative et a formé des enquêteurs à se rendre sur le terrain des interviewés pour mener l'enquête sous la forme de conversations ouvertes et détendues. Les résultats obtenus étaient tout aussi profonds et précieux que ceux obtenus en Argentine, précisément parce que la méthodologie, la mise en œuvre et l'analyse étaient toutes réalisées par des experts locaux qui comprenaient à la fois la nature d'une recherche de qualité et les réalités contextuelles.

Il est également intéressant de noter que les écoles africaines participant au projet ont souvent utilisé une méthodologie de rassemblement de groupes de personnes pour parler de questions ouvertes – une forme de recherche qualitative générée par le groupe qui était appropriée et significative pour un environnement à la fois à CCR et très communautaire. Encore une fois, les résultats de l'analyse finale étaient instructifs et de grande valeur.

Vers la compréhension

Au vu de ce qui précède, comment les organismes de financement (principalement situés dans la culture à CCP de l'Occident) devraient-ils développer une responsabilité et une évaluation de la qualité appropriées, afin de les guider dans leurs relations avec les écoles dans les cultures à CCR ? Je crois que la clé est de trouver des interprètes culturels – des personnes qui comprennent à la fois les cultures à CCP et CCR et qui peuvent être un pont entre ces deux cultures et apporter du sens aux échanges.

Il y a quelque temps, je discutais avec un autre Australien qui a servi au Moyen-Orient pendant plus de trente ans. Nous déplorions l'échec de tant d'équipes interculturelles, malgré un désir croissant pour la présence de telles équipes dans les missions mondiales. Au cours de notre conversation, nous avons découvert que pratiquement chaque équipe interculturelle réussie avait un leader qui avait vécu dans deux ou plusieurs contextes culturellement distincts pendant au moins dix ans. Ce n'est qu'avec le temps en effet qu'une personne est capable de reconnaître à la fois les forces et les faiblesses de sa culture d'origine et d'une autre culture.

De même, je suggèrerais que des interprètes interculturels de qualité ont aussi besoin de passer du temps dans les cultures à CCR et CCP afin d'aider les personnes de chacune de ces cultures à comprendre l'autre. Ces personnes biculturelles sont une ressource précieuse pour aider les organismes de financement et leurs bénéficiaires à trouver des moyens de développer la recherche et l'information qui soient culturellement sensibles aux personnes des deux types de cultures à CCR et CCP.

Conclusion

Il ne fait aucun doute qu'une culture d'évaluation se répand de plus en plus dans la formation théologique dans le monde entier. Alors que se développe ce désir de permettre à « l'évaluation de l'impact » d'influencer la conception des programmes d'études, il est impératif que les agences occidentales ne présentent pas les méthodologies occidentales comme normatives, écartant de ce fait les autres méthodes comme étant de qualité inférieure.

La meilleure méthode n'est ni occidentale ni orientale. La meilleure méthode est celle qui prend au sérieux les modes de communication locaux et développe la recherche en conséquence. De ce fait, des pratiques d'évaluation significatives doivent être développées localement, mises en œuvre localement et analysées localement, afin de s'assurer que les résultats générés sont utiles pour ce que Dieu fait localement.

Questions pour la discussion

1. Selon vous, dans quelle mesure la communication à contexte « riche » et/ou « pauvre » a-t-elle bien été gérée dans le contexte culturel de votre propre programme ? Veuillez donner un ou deux exemples spécifiques pour expliquer et justifier votre point de vue.
2. Donnez une ou deux façons spécifiques selon lesquelles différentes compréhensions de la communication contextuelle « riche » ou « pauvre » pourraient façonner la façon dont l'évaluation de l'impact devrait avoir lieu dans le cadre culturel de votre programme.

14

Qu'est-ce que l'évaluation fondée sur l'impact[1] change réellement ?

Elizabeth Sendek
Recteure, Fundación Universitaria Seminario Bíblico de Colombia

Traditionnellement, la mission des établissements d'enseignement supérieur (post-lycée) consistait à acquérir, préserver et diffuser la connaissance. La production de la connaissance par la recherche scientifique a été ajoutée au XIXe siècle. Au XXe siècle, la mission des universités a été élargie pour devenir non seulement des centres d'éducation et de découverte, mais aussi des « moteurs de la croissance économique, des balises de la justice sociale et des laboratoires pour de nouveaux modes d'apprentissage[2] ». Par ces fonctions, les écoles étaient en relation avec divers groupes sociaux.

Dans de nombreux pays, les institutions et les universités doivent justifier l'étendue de leur pertinence et de leur efficacité en termes de contribution de leurs diplômés au développement économique de la nation. Ainsi, l'analyse des relations entre l'enseignement supérieur et le marché est devenue prédominante dans le programme de ces institutions. Les efforts déployés pour comprendre cette relation ont conduit les établissements d'enseignement à adopter des processus permettant de vérifier la qualité des programmes éducatifs grâce à la performance de leurs diplômés. Les études de suivi socioprofessionnel sont devenues fondamentales à cette fin. La plupart d'entre elles sont influencées par

1. N.d.T. : *Impact-based assessment.*
2. « Higher Education: The University Experiment », *Nature: International Weekly Journal of Science* 514, 15 Octobre 2014, p. 287, consulté le 10 novembre 2015, http://www.nature.com/news/higher-education-the-university-experiment-1.16133.

l'approche du capital humain qui considère l'éducation (formelle et non formelle) comme faisant partie des compétences commercialisables dans lesquelles les travailleurs investissent dans le but d'être productifs sur le marché[3].

Un exemple de ceci est le récent Modèle d'Indicateurs pour évaluer la qualité de l'éducation (MIDE) conçu par les autorités éducatives colombiennes pour classer les institutions, les écoles et les universités, et introduit en 2015. Il suit le modèle du classement académique des universités mondiales, connu sous le nom de classement de Shanghai (*Shanghai Ranking*). Six dimensions de la vie dans l'école sont évaluées : les étudiants, les diplômés, les professeurs, la recherche, la fidélisation / le financement extérieur, et l'internationalisation. Pour chaque dimension, plusieurs variantes sont prises en compte, de sorte que l'évaluation complète comprend dix-huit facteurs au total. Pour évaluer l'impact des diplômés, les facteurs considérés sont l'indice du statut professionnel, le salaire d'entrée, les diplômes supérieurs, l'innovation (brevets déposés en leur nom, production artistique), l'affiliation à des associations scientifiques, les récompenses scientifiques ou professionnelles et les positions occupées dans des organisations nationales ou internationales.

Lorsque l'on passe en revue les dix-huit facteurs, il devient clair qu'aucun n'aborde la notion d'éthique dans un pays où la plupart des secteurs reconnaissent que la corruption est l'un des facteurs les plus préjudiciables pour le développement économique et social de la nation. Ceci est profondément déconcertant car ce modèle a été développé pour un pays où plus de dix accords de lutte contre la corruption ont été signés dans les secteurs public et privé au cours des cinq dernières années, où 94 % des entreprises déclarent que les pots-de-vin sont chose commune, où 24 % admettent avoir soudoyé un fonctionnaire public et 87 % de la population pensent que les fonctionnaires sont corrompus[4], et où les PDG des plus grands employeurs privés de diplômés universitaires ont déclaré que la caractéristique numéro un qu'ils recherchent chez les nouveaux employés est une attitude éthique. Cela indique bien le manque de rapport entre un modèle donné d'évaluation de l'enseignement supérieur et les réalités et besoins du contexte dans lequel cette éducation a lieu.

3. Daron Acemoglu, *Lectures in Labor Economics*, ch. 1, « The Basic Theory of Human Capital », consulté le 30 octobre 2015, http://econ.lse.ac.uk/staff/spischke/ec533/Acemoglu%20Autor%20chapter%201.pdf, 3.

4. Pacte pour la transparence à l'occasion de la Journée nationale contre la corruption, *El Espectador*, 17 août 2017, https://www.elespectador.com/noticias/bogota/pacto-transparencia-el-dia-nacional-contra-corrupcion-articulo- 579808. Consulté le 30 septembre 2015.

Qu'est-ce qui devrait donc être différent lors de l'évaluation de l'engagement et de l'efficacité de l'éducation théologique classique ? Nous devons parler le langage de l'éducation classique, mais nous devons aussi parler le langage de la théologie. Le but n'est pas de tenir deux discours différents et ainsi plaire à deux publics différents, mais d'articuler un discours, fidèle à la double nature de notre vocation particulière. Nous devons non seulement apprendre le langage de l'évaluation de l'impact en ce qui concerne l'éducation, en mettant l'accent sur les carrières liées aux ministères chrétiens et le fruit de ces ministères porté par nos diplômés, mais il nous faut aussi parler cette langue avec un fort accent théologique.

Lors du colloque organisé à Antalya, nous avons été initiés aux raisons justifiant l'évaluation de l'impact dans la formation théologique, aux approches méthodologiques de l'évaluation et à des études de cas. Pourtant, parler d'évaluation fondée sur l'impact de nos programmes classiques demande une révision des normes d'accréditation en ce qui concerne le suivi des anciens étudiants. Les manuels d'accréditation de la plupart des affiliés de l'ICETE se réfèrent à la relation entre les écoles et leurs diplômés, principalement en termes de contact continu, de placement, de soutien à l'école et de soutien continu pour leur ministère. Si, après ce colloque, nous sommes convaincus de l'importance d'identifier l'impact à des fins d'évaluation, les critères qui invitent à prendre en compte les résultats devraient être formulés et inclus dans les processus d'accréditation.

Pour ceux d'entre nous dont les programmes et institutions dépendent de l'accréditation gouvernementale, cela signifie qu'il nous faut apprendre à exprimer la pertinence de notre existence en termes qui montrent comment notre production est liée aux besoins de la société et quelle est la différence qui en découle. Lorsque nous soumettons l'un de nos programmes de théologie à l'accréditation par les autorités colombiennes, voici comment nous, à la Fundación Universitaria Seminario Bíblico de Colombie, plaidons notre cause :

> Nous reconnaissons que ce n'est pas un domaine professionnel qui répond [directement] à un besoin particulier pour le développement économique du pays. Notre mission est de contribuer au développement du tissu social de la société. Notre profession de foi chrétienne reconnaît l'Église comme un agent important de la société, un agent qui enrichit constamment le tissu sociétal.
>
> Le comportement éthique de nos diplômés et de ceux qu'ils influencent à travers leur service professionnel, nourri par leur engagement de foi, devrait contribuer à l'un des objectifs proposés

par les gouvernements nationaux et locaux : la réduction de la corruption. Cette réduction aura un impact direct non seulement sur la réalité économique du pays mais aussi sur toutes les dimensions de la société.

L'accent théologique devrait être nettement audible comme signe clair de notre identité. Dans notre « bilinguisme », les exigences absolutistes du discours universitaire et éducatif devraient être complétées par les exigences absolues de la foi chrétienne.

La conférence d'Antalya nous a rappelé, à nous autres éducateurs théologiques évangéliques du monde entier, que l'impact en termes du projet de Dieu (le macro-cadre des programmes de notre activité éducative) repose sur la fidélité à sa révélation éternelle (le contenu central de notre enseignement) et sur l'insuffisance qui conduit à l'humilité et à la dépendance au Tout-Puissant, que nous servons et au nom duquel nous formons les autres.

Je voudrais proposer qu'en évaluant l'efficacité de nos programmes, nous donnions moins de poids aux opinions de nos propres diplômés et aux attentes de leurs employeurs, de leurs congrégations et de leurs proches, qu'aux trois questions suivantes, fondées sur l'accusation faite par Dieu contre les professionnels de la religion en Israël au temps du prophète Osée, quand ils s'étaient corrompus en se consacrant à quelque chose n'ayant aucun rapport avec l'essence du ministère :

1. *Que proclament-ils ?* Proclament-ils la Parole de Dieu, et non ce que le peuple veut entendre (Os 4.1-4) ? Nous pouvons former des bureaucrates d'église, habiles dans l'utilisation du discours religieux, qui peuvent même camoufler l'idolâtrie, mais qui manquent de connaissance de Dieu.
2. *À quoi aspirent-ils ?* Ont-ils des ambitions de renommée, de pouvoir, de richesse – ou visent-ils la gloire de Dieu ? Nous avons une capacité infinie à rechercher les honneurs et la reconnaissance de ce que nous faisons, au lieu de célébrer l'impuissance (4.7).
3. *Comment vivent-ils ?* Font-ils preuve de corruption, d'abus et d'immoralité – ou d'amour passionné pour les autres (6.9) ?

Les processus et les outils techniques partagés lors de la convention sont d'une grande aide. Cependant, l'impact du sacré exige que nous préservions obstinément le rôle prophétique de l'éducation théologique (classique et non classique), en refusant de concevoir nos programmes pour produire des bureaucrates d'église aux compétences commercialisables : accomplis dans la formulation du discours religieux (qui camoufle l'idolâtrie et l'hérésie), novateurs et efficaces dans l'utilisation des techniques religieuses (tout en manquant de connaissance de Dieu et du comportement éthique qui reflète son caractère et son amour). Notre engagement et notre impact doivent être évalués par la manière dont la vie et le fruit de nos écoles reflètent la fidélité, l'amour et la reconnaissance de Dieu (Os 4.1).

Questions pour la discussion

1. Elizabeth Sendek souligne que le processus d'évaluation nécessite un plaidoyer conjoint pour des changements dans la compréhension de l'accréditation. Ceci est particulièrement difficile lorsque vous dépendez de l'accréditation d'un gouvernement laïque. Elle cite un exemple où la Fundación Universitaria Seminario Bíblico de Colombie en appelle à son rôle de développement du « tissu social » et de « réduction de la corruption ». En utilisant l'exemple de l'auteur comme modèle, écrivez un court texte, adressé au Ministère d'Enseignement Supérieur de votre pays, dans lequel vous justifiez qu'un ou plusieurs de vos propres programmes est/sont significatif/s en termes de service à la communauté.
2. L'auteur exhorte à porter à l'attention des anciens étudiants d'une école trois questions essentielles, lors de l'évaluation de la formation théologique : (a) Que proclament-ils ? (b) À quoi aspirent-ils ? (c) Comment vivent-ils ? Pour chacune de ces questions essentielles, expliquez brièvement quelques processus par lesquels vous pourriez :
   - évaluer dans quelle mesure vos diplômés répondent à ces questions d'une manière saine et appropriée ;
   - garantir que ces questions façonnent l'éthique de votre école et la structure de vos programmes d'études.

Postface

L'hégémonie de la tradition théologique occidentale sur le monde émergent est remise en question de nombreuses façons. Cela concerne aussi bien le contenu que la méthode. On pourrait dire que cela a non seulement empêché le monde émergent d'aborder ses propres questions à sa propre manière, cela a aussi cessé de servir le monde occidental. Alors que l'Occident passe d'un état d'esprit chrétien et moderniste à un état d'esprit postchrétien et postmoderne, sa conception de la théologie doit changer.

Pour une grande partie de l'Église, il est réjouissant d'avoir accès à des ressources comme les chapitres de ce livre, pour stimuler le changement. Un tel changement inspirera la conception d'une formation théologique contextuellement pertinente pour chaque contexte. Ainsi, nous entrerons dans une ère où les institutions seront très différentes les unes des autres, tout en continuant de s'appuyer sur l'histoire et les discours mondiaux de l'Église, mais en se spécialisant dans les éléments uniques requis pour une plus grande fécondité dans la mission.

Pour le monde de la formation théologique, il est passionnant d'accéder à des ressources permettant de créer quelque chose de nouveau. Pour ceux qui s'engagent dans la formation théologique, cela leur permettra d'être mieux formés pour servir dans leur contexte spécifique.

Au sein de la communauté de l'ICETE, on s'attend de plus en plus à ce que les processus d'accréditation incluent les éléments de la recherche contextuelle. Cela en soi donnera au changement un élan encore plus fort. Cela renforcera certainement la capacité des institutions, ce qui consolidera la capacité de leurs diplômés, et donc de leurs églises, et rayonnera jusqu'à leur activité missionnaire et la bénédiction qu'ils apporteront à leurs sociétés. Cela conduira à une plus grande louange du Dieu vivant, dont provient l'existence de tout être, et à qui tout être doit rendre compte.

Bibliographie

ACEMOGLU, Daron, *Lectures in Labor Economics*. Chapitre 1 : « The Basic Theory of Human Capital ». Consulté le 30 octobre 2015. http://econ.lse.ac.uk/staff/spischke/ec533/Acemoglu%20Autor%20chapter%201.pdf.

ACTEA, « Standards and Procedures for Accreditation at Post-Secondary Level », 1992.

ALESHIRE, Daniel O., « Fifty Years of Accrediting Theological Schools », *Theological Education* 49, n° 1, 2014, p. 63-80.

ARISTOTE, *Nicomachean Ethics*, dans B. JOWETT, sous dir., *The Works of Plato & Aristotle – 35 Works*, C&C Web Press, 2009. Tome 1. Ebook.

BANKS, Robert, *Reenvisioning Theological Education*, Grand Rapids, Eerdmans, 1999.

BARTHOLOMEW, C., et M. GOHEEN, *The Drama of Scripture: Finding Our Place in the Biblical Story*, 2e éd., Grand Rapids, Baker, 2014.

BELTRÁN, W. M., « La expansión pentecostal en Colombia », dans W. M. BELTRAN et al., *El pentecostalismo en Colombia: Prácticas religiosas, liderazgo y participación política*, Bogotá, Centro de Estudios Sociales, 2010, p. 74–93. http://bdigital.unal.edu.co/8197/1/williammauriciobeltran.20102.pdf.

BELTRÁN, W. M., I. N. Cuervo, J. D. López, J. Ravagli, G. M. Reyes, S. Rivers et C. y Tejeiro, *El pentecostalismo en Colombia: Prácticas religiosas, liderazgo y participación política*, Bogotá, Centro de Estudios Sociales, 2010.

BORDA Carulla, S., « Resocialization of "Desplazados" in Small Pentecostal Congregations in Bogotá, Colombia », *Refugee Survey Quarterly* 26, n° 2, 2007, p. 36-46.

CRONSHAW, Darren, « Reenvisioning Theological Education and Missional Spirituality », *Journal of Adult Theological Education* 9, n° 1, 2012, p. 9-27.

DAYTON, Donald W., *Theological Roots of Pentecostalism*, Peabody, Hendrickson, 2000.

DEMERA, J. D., « Ciudad, migración y religión: Etnografía de los recursos identitarios y de la religiosidad de los desplazados en altos de Cazucá », *Theologica Xaveriana*, 2007, p. 303-320.

EDGAR, Brian, « The Theology of Theological Education », *Evangelical Review of Theology* 29, n° 3, 2005, p. 208-217.

FRANKE, John, *The Character of Theology: An Introduction to Its Nature, Task, and Purpose*, Grand Rapids, Baker Academic, 2005.

GONZALES, G., et R. WAGENAAR, *Tuning Educational Structures in Europe – Final Report, Phase One*, 2003. http://www.relint.deusto.es/TUNINGProject/doc_tuning_phase1.asp. Consulté le 5 mai 2009.

GUDYKUNST, W. B., « Individualistic and Collectivistic Perspectives on Communication: An Introduction », *International Journal of Intercultural Relations* 22, n° 2, 1998, p. 107-134.

« Higher Education: The University Experiment », *Nature: International Weekly Journal of Science* 514, 15 octobre 2014. Consulté le 10 novembre 2015. http://www.nature.com/news/higher-education-the-university-experiment-1.16133.

ICETE, « Manifeste pour le Renouveau de l'Enseignement Théologique Evangélique » http://www.icete-edu.org/manifesto/Manifesto_ICETE_FR.pdf.

JAEGER, Werner, *Early Christianity and Greek Paideia*, Cambridge, Harvard University Press, 1961.

KELSEY, David H., *Between Athens and Berlin: The Theological Debate*, Grand Rapids, Eerdmans, 1993.

KELSEY, David H., *To Understand God Truly: What's Theological about a Theological School*, Louisville, Westminster/John Knox, 1992.

Le mouvement de Lausanne, « L'Engagement du Cap », 2011. https://www.lausanne.org/fr/content/ctc/engagement-du-cap.

LAWSON, LEWIS A., et Victor A. KRAMER, sous dir., *Conversations with Walker Percy*, Jackson, University Press of Mississippi, 1985.

LINDHARDT, M., « La Globalización Pentecostal: Difusión, Apropiación y Orientación Global », *Cultura & Religión*, 2011, p. 117-136.

LÓPEZ, D., *Pentecostalismo y Misión integral*, Lima, Ediciones Puma, 2008.

LÓPEZ, D., *Pentecostalismo y Transformación social*, Buenos Aires, Ediciones Kairós, 2000.

MAFLA, N., « Función de la religión en la vida de las víctimas del desplazamiento forzado en Colombia », thèse de doctorat, Universidad Complutense de Madrid, 2012.

MIGLIORE, Daniel, *Faith Seeking Understanding: An Introduction to Christian Theology*, Grand Rapids, Eerdmans, 2004.

MULDER, M., T. WEIGEL, et K. COLLINS, « The Concept of Competence in the Development of Vocational Education and Training in Selected EU Member States: A Critical Analysis », *Journal of Vocational Education and Training* 59, n° 1, 2007, p. 67-88.

MURRAY, Stuart, *Church after Christendom*, Bletchley, Paternoster, 2005.

PETERSON, Eugene, *Under the Unpredictable Plant: An Exploration in Vocational Holiness.* Grand Rapids, MI: Eerdmans, 1994. Il existe une edition française de ce livre : *Dans le ventre du poisson : où l'on apprend la sainteté de sa vocation*, trad. Antoine Doriath, Québec, Éditions La Clairière, 2006.

SCHLEIERMACHER, Friedrich, et Terrence TICE, *Brief Outline of Theology as a Field of Study: Revised Translation of the 1811 and 1830 Editions*, 3e édition, Louisville, Westminster John Knox, 2011.

TARNAS, Richard, *The Passion of the Western Mind: Understanding the Ideas That Have Shaped Our World View*, New York, Harmony, 1993.

TEICHLER, U., et B. KEHM, « Towards a New Understanding of the Relationships between Higher Education and Employment », *European Journal of Education* 30, n° 2, 1995, p. 115-132. JSTOR.

TROMBINO, Mario, *La Filosofia Greca Arcaica e Classica*, Bologna, Poseidonia, 1997.

TUNING Management Committee. *Tuning Educational Structures in Europe*, 2006. http://tuning.unideusto.org/tuningeu/images/stories/template/General_Brochure_final_version.pdf, consulté le 20 avril 2007.

VILLAFAÑE, E., *El Espíritu liberador: Hacia una ética social pentecostal latinoamericana*, Buenos Aires, Nueva Creacion ; Grand Rapids, Eerdmans, 1996.

WOLTERSTORFF, N., *Educating for Shalom: Essays on Christian Higher Education*, Cambridge, Eerdmans, 2004. Format Kindle.

Ressources

Pour aider les institutions théologiques à passer à l'étape suivante de la recherche sur les résultats et l'impact de leurs diplômés, les ouvrages suivants sont recommandés :

Rupen Das était le chercheur principal à l'ABTS quand l'équipe a commencé le premier projet mentionné dans ce livre. Son ouvrage *Relier les études théologiques et le contexte*[1] comporte une section très utile fournissant des exemples de questionnaires conçus pour les institutions désireuses d'adapter leurs programmes d'études à leurs contextes.

Perry Shaw était le pédagogue au sein de l'équipe d'enseignants de l'ABTS lorsque ces derniers ont réécrit leur programme d'études. Son ouvrage *Transformer la formation théologique*[2] est un véritable trésor, riche en suggestions réfléchies sur la refonte du cursus. Son objectif est d'aider à créer une méthode, un contenu et des résultats éducatifs plus holistiques.

1. Rupen DAS, *Relier les études théologiques et le contexte : pour des formations plus pertinentes*, Carlisle, trad. Celia Evenson, Langham Global Library, 2018.
2. Perry SHAW, *Transformer la formation théologique : Un manuel pratique pour un apprentissage intégral et contextuel*, trad. Celia Evenson, Carlisle, Langham Global Library, 2015.

À propos des auteurs

Stuart Brooking (*PhD*) est le directeur exécutif de l'Overseas Council Australie (OC Australia) qui travaille à financer et encourager les institutions théologiques dans le monde émergent. Stuart est, à temps partiel, chef du département du ministère et de pratique à l'Australian College of Theology.

Jhohan Centeno est professeur au Séminaire biblique de Colombie (Fundación Universitaria Seminario Bíblico de Colombia, FUSBC) à Medellín et supervise également les programmes en ligne. Il est pasteur consacré dans l'église Foursquare. Il est titulaire d'un master en e-learning et poursuit actuellement ses études doctorales en théologie.

Ashish Chrispal (*PhD*) vit à Bangalore, en Inde. Il a servi comme pasteur, professeur de théologie, directeur d'établissement, et facilitateur pour la formation théologique avec l'Overseas Council.

Scott Cunningham (*PhD*). L'expérience de Scott comme éducateur théologique a commencé en qualité d'enseignant missionnaire dans les institutions nigérianes. Il a ensuite servi l'Association pour l'Enseignement Théologique Chrétien en Afrique (ACTEA), en accompagnant les institutions jusqu'à l'accréditation. Scott est actuellement le directeur exécutif de l'équipe internationale de l'Overseas Council.

Rupen Das (*PhD*). Il est professeur au Tyndale University College and Seminary de Toronto et directeur national de la Société biblique canadienne. Il a travaillé et enseigné dans divers contextes internationaux, notamment à Amsterdam et au Liban.

Havilah Dharamraj (*PhD*, Durham, Royaume-Uni) est directrice des études du South Asian Institute of Advanced Christian Studies (SAIACS) en Inde, où elle enseigne l'Ancien Testament. Elle est l'une des directrices d'ouvrage du *South Asia Bible Commentary*, un commentaire de toute la Bible en un seul volume, écrit pour le contexte de l'Asie du Sud.

Elie Haddad est doyen du Séminaire théologique baptiste arabe (ABTS), au Liban. Il a une formation en gestion et en ministère. Il fait actuellement des études doctorales en ecclésiologie missionnaire.

Robert Heaton, (*PhD*), est directeur académique de l'École théologique du Zimbabwe (TCZ), après des décennies de ministère dans cette institution, y compris dix ans comme directeur intérimaire. Il a occupé d'autres postes de direction auprès d'organismes chrétiens nationaux comme l'Union Baptiste.

Melody Mazuk a travaillé comme bibliothécaire théologique pendant de nombreuses années dans différentes institutions et écoles chrétiennes dans le monde entier. Elle se décrit à la fois comme une chrétienne mondiale et une bibliothécaire théologique mondiale.

Ray Motsi (*PhD*) est doyen de l'École théologique du Zimbabwe (TCZ). Sa thèse de doctorat a porté sur la consolidation de la paix et la transformation des conflits et il a travaillé dans ce domaine en différents contextes.

Marvin Oxenham (*PhD*) est secrétaire général de l'Association européenne d'accréditation évangélique (ECTE) et a travaillé avec l'Overseas Council. Il est actuellement chef de programme en éducation théologique à la London School of Theology.

A. N. Lal Senanayake (*PhD*) est directeur du Lanka Bible College and Seminary (LBCS) au Sri Lanka. Avant de rejoindre le LBCS à temps plein en 1993, il a été pasteur pendant plus de quinze ans. Lal est également membre du comité de rédaction de l'*InSight Journal for Global Theological Education.*

Elizabeth Sendek est présidente du Séminaire biblique de Colombie (Fundación Universtiaria Seminario Bíblico de Colombia, FUSBC). Elle est une partenaire de Global Associates for Transformational Education (GATE).

Perry Shaw (*EdD*) est professeur en sciences de l'éducation au Séminaire de théologie baptiste arabe (ABTS) de Beyrouth, au Liban, et auteur de l'ouvrage *Transforming Theological Education*[3]. Perry et sa famille servent au Moyen-Orient depuis 1990.

Christopher Wright (*PhD*, Cambridge, Royaume-Uni) est le directeur des ministères internationaux du Langham Partnership. Auparavant, il a enseigné à l'Union Biblical Seminary à Pune, en Inde, et à l'All Nations Christian College à Ware, en Angleterre. Il est l'auteur de nombreux ouvrages sur la mission et sur l'Ancien Testament.

---

3. Disponible en français également : *Transformer la formation théologique*, trad. Celia Evenson, Carlisle, Langham Global Library, 2015.

Table des matières

Remerciements vii

Préface : Engagés et performants ! ix

Introduction : « Nous voulons savoir si nous sommes performants » 1

Section I. Évaluer le contexte : Raisons, objets, méthodes 5

1 **Une perspective biblique de l'efficacité et de l'impact de la formation théologique** 7
Christopher Wright

2 **Aller au-delà des quatre « B » dans l'évaluation** 29
Scott Cunningham

3 **Relier le programme d'études et le contexte : Les fondements de la pertinence dans la formation théologique** 37
Rupen Das

4 **Mon parcours dans l'évaluation du cursus** 55
Ashish Chrispal

Section II. Sur le terrain : Témoignages d'institutions qui ont évalué leur contexte et changé leur programme d'études 63

5 **Une expérience colombienne : Faire de la recherche dans un contexte de déplacement de population** 65
Jhohan Centeno

6 **Une expérience indienne : Découvrir les lacunes** 69
Havilah Dharamraj

7 **Une expérience zimbabwéenne : Parcours vers la maturité** 77
Roy Motsi et Robert Heaton

Annexe : Modèle de cursus proposé 85

8 **Une expérience Sri-lankaise : Des résultats surprenants** 89
Lal Senanayake

Section III. Les problèmes liés au changement 97

9 **La conduite du changement : Le point de vue du doyen** 99
Élie Haddad

10 **Développer la bibliothèque : Quelle importance ?** 107
Melody Mazuk

11 **Notes pratiques sur le développement de cursus axé sur l'impact** 115
Scott Cunningham

12 **Une évaluation critique de l'impact** 123
Marvin Oxenham

13 **Culture, communication et recherche sur l'impact** 133
Perry Shaw

14 **Qu'est-ce que l'évaluation fondée sur l'impact change réellement ?** 141
Elizabeth Sendek

Postface 147

Bibliographie 149

Ressources 153

À propos des auteurs 155

Conseil International pour l'Enseignement Théologique Évangélique

L'ICETE est une communauté mondiale, parrainée par neuf réseaux régionaux d'écoles théologiques, pour permettre l'interaction et la collaboration internationales entre toutes les personnes engagées dans le renforcement et le développement de l'enseignement théologique évangélique et du leadership chrétien dans le monde.

Le but de l'ICETE est de :

1. Promouvoir l'amélioration de la formation théologique évangélique dans le monde.
2. Servir de forum d'interaction, de partenariat et de collaboration entre les personnes impliquées dans l'enseignement théologique évangélique et le développement du leadership, pour l'assistance, la stimulation et l'enrichissement mutuels.
3. Fournir des services de mise en réseau et de soutien pour les associations régionales d'institutions théologiques évangéliques dans le monde.
4. Aider ces organismes à promouvoir leurs services auprès de l'enseignement théologique évangélique dans leurs régions.

Les associations de parrainage comprennent :

Afrique : Association for Christian Theological Education in Africa (ACTEA)

Amérique Latine : Association for Evangelical Theological Education in Latin America (AETAL)

Amérique du Nord : Association for Biblical Higher Education (ABHE)

Asie : Asia Theological Association (ATA)

Caraïbes : Caribbean Evangelical Theological Association (CETA)

Eurasie : Euro-Asian Accrediting Association (E-AAA)

Europe : European Evangelical Accrediting Association (EEAA)

Moyen-Orient et Afrique du Nord : Middle East Association for Theological Education (MEATE)

Pacifique Sud : South Pacific Association of Evangelical Colleges (SPAEC)

www.icete-edu.org

Langham Literature, et son travail éditorial, est un ministère de Langham Partnership.

Langham Partnership est un organisme chrétien international et interdénominationnel qui poursuit la vision reçue de Dieu par son fondateur, John Stott :

> ***promouvoir la croissance de l'église vers la maturité en Christ en relevant la qualité de la prédication et de l'enseignement de la Parole de Dieu.***

Notre vision est de voir des églises équipées pour la mission, croissant en maturité en Christ, par le ministère de pasteurs et de responsables qui croient, qui enseignent et qui vivent la Parole de Dieu.

Notre mission est de renforcer le ministère de la Parole de Dieu de trois manières:

- par la mise en place de mouvements nationaux de formation à la prédication biblique
- par la rédaction et la distribution de livres évangéliques
- par la formation d'enseignants théologiques évangéliques qualifiés qui formeront ensuite des pasteurs et responsables d'églises dans leurs pays respectifs

Notre ministère

Langham Preaching collabore avec des responsables nationaux en vue de la création de mouvements de prédication biblique dirigés par les nationaux eux-mêmes. Ces mouvements, qui naissent progressivement un peu partout dans le monde, rassemblent non seulement des pasteurs mais aussi des laïcs. Nos équipes de formateurs venus de beaucoup de pays différents proposent une formation pratique qui comporte plusieurs niveaux, suivie d'une formation de facilitateurs locaux. La continuité est assurée par des groupes de prédicateurs locaux et par des réseaux régionaux et nationaux. Ainsi nous espérons bâtir des mouvements solides et dynamiques, constitués de prédicateurs entièrement consacrés à la prédication biblique.

Langham Literature fournit des livres évangéliques et des ressources électroniques par la publication et la distribution, par des subventions et des réductions à des leaders et futurs leaders, à des étudiants et bibliothèques de séminaires dans le monde majoritaire. Nous encourageons aussi la rédaction de livres évangéliques originaux dans de nombreuses langues nationales par le biais de bourses pour des écrivains, en soutenant des maisons d'éditions évangéliques locales, et en investissant dans quelques projets majeurs comme *le Commentaire Biblique Contemporain* qui est un commentaire de la Bible en un seul volume rédigé par des auteurs africains pour l'Afrique.

Langham Scholars soutient financièrement des doctorants évangéliques du monde majoritaire dans le but de les voir retourner dans leurs pays d'origine pour former des pasteurs et d'autres chrétiens nationaux en leur proposant un enseignement biblique et théologique solide. Cette branche de Langham cherche donc à équiper ceux qui en équiperont d'autres. Langham Scholars travaille aussi en partenariat avec des séminaires dans le monde majoritaire afin de renforcer l'éducation théologique évangélique sur place. De ce fait, un nombre croissant de « Langham Scholars » (le nom « Scholars » signifie « boursiers ») peut aujourd'hui suivre des programmes doctoraux de haut niveau au cœur même du monde majoritaire. Une fois leurs études terminées, ces « Langham Scholars » vont non seulement former à leur tour une nouvelle génération de pasteurs mais exercer une grande influence par leurs écrits et par leur leadership.

Pour plus d'informations, consultez notre site: langham.org

www.ingramcontent.com/pod-product-compliance
Ingram Content Group UK Ltd.
Pitfield, Milton Keynes, MK11 3LW, UK
UKHW020424250726
13967UKWH00007B/2798